エンカウンター・グループのファシリテーション

野島一彦 著

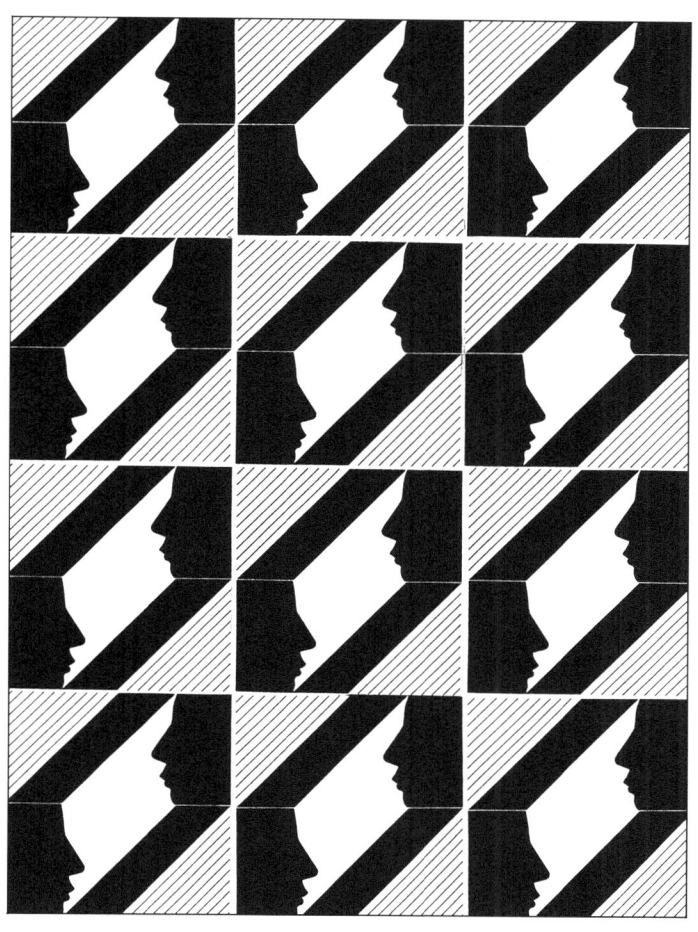

ナカニシヤ出版

まえがき

「20世紀最大の社会的発明とは何だと思いますか？」と問われたら，あなたは何と答えるだろうか。人によっていろいろな答えがあるであろうが，わが国のカウンセリングの世界で広く知られている，臨床心理学者のカール・ロジャースは，集中的グループ経験（Tグループ，エンカウンター・グループ，感受性訓練等）をあげている。

ちなみに，"TIME"誌の「20世紀の人」には誰があげられたのかをあなたはご存知であろうか。実はロジャースを推薦する推薦文が4頁にわたって掲載されたのであるが，残念ながら最終的にはアインシュタインが選ばれている。

近年のわれわれを取り巻く状況をみると，情報化，国際化，技術化，多様化等がどんどん進行しているが，われわれは社会的人間として進化しているのであろうか。われわれの人間性はかつての時代の人々に比べて豊かになってきているのであろうか。残念ながら必ずしもそうではないように思われる。むしろわれわれの人間性は貧困になってきているようにさえ見える。

このような時代において，人間が人間らしくなる「人間化」のための一つのアプローチとしてエンカウンター・グループは有効であるように思われる。1960年代に米国でエンカウンター・グループが誕生して以来，それは教育，家族，医療，産業，宗教等の領域で実践されてきている。またロジャースはそれをアイルランドにおける宗教対立，南アフリカにおける人種対立，中央アメリカ諸国の政治対立の問題の改善に用いている。ちなみにロジャースのこのような努力が認められ，1987年にはノーベル平和賞にノミネートされたが，残念ながらその年の2月に亡くなった。エンカウンター・グループには，ロジャースをして20世紀最大の社会的発明と言わしめるだけの潜在力が確かに秘められているように思われる。そしてそれは21世紀においても十分に通用するものであるし，もっともっと積極的に活用する必要があると考えられる。

筆者は，大学院修士課程1年生であった1970年にエンカウンター・グループと出会い，それ以来その魅力にとりつかれて，もう30年間もその実践と研究を続けてきた。そして，その魅力は今でも衰えることはなく，ますますその虜に

なっている。

　何がそれほどまでに魅力的なのかと聞かれるとうまく答えられないが，エンカウンター・グループは人生や人間集団の縮図みたいなもので，創造的プロセスであるところが魅力的であるとは言える。また，異質性の共存といったことを実感できる場であるところが魅力的であるとも言える。さらに，ファシリテーターシップ（一般にリーダーシップと呼ばれるもの）のあり方が他にはない独自のものである点が魅力的であるとも言える。

　本書は，これほどまでに筆者が惚れ込んだエンカウンター・グループの〈ファシリテーション〉に焦点をあてた博士論文（「エンカウンター・グループの発展段階におけるファシリテーション技法の体系化」，1998年，九州大学）である。

　研究論文ではあるが，実際の事例をたくさん取り上げながら具体的に論じているので，エンカウンター・グループに参加したことがない読者にとっても，エンカウンター・グループとはどのようなものであり，どのようにファシリテーターが動き，どのようにメンバーやグループが動いていくのか，理解してもらいやすいのではなかろうかと思われる。本書を通して，エンカウンター・グループの魅力に触れていただければ幸いである。

　本論文をまとめるにあたっては，実に多くの方々のお世話になった。筆者がエンカウンター・グループのことを初めて知ったのは，村山正治先生（九州大学名誉教授）を通してであり，以後実践と研究の両面にわたりずっとご指導いただいた。大学院時代の指導教官であった池田數好先生（九州大学名誉教授），前田重治先生（九州大学名誉教授）には，私の取り組みを暖かく見守っていただいた。福岡人間関係研究会には私を育ててもらい，いろいろと協力していただいた。人間関係研究会のスタッフからは有益なご示唆をたくさんいただいた。エンカウンター・グループのなかで共に過ごした方々からはたくさんのものを学ばせていただいた。針塚進先生（九州大学教授）には論文提出にあたりお世話いただいた。後輩の安部恒久先生（福岡大学教授），中田行重先生（東亜大学助教授），田村隆一先生（福岡大学教授）等には刺激的なディスカッションをしていただいた。さらにここにご氏名を記すことができない多くの方々に支え励ましていただいた。皆様に心より深く感謝したい。

最後に本書の出版にあたっては，ナカニシヤ出版の宍倉由高氏には大変お世話になった。本当に感謝申し上げる。
　本書を，日頃からいろいろ迷惑をかけている妻と3人の子ども達に捧げたい。

2000年8月

九州大学研究室にて

野島　一彦

目　次

まえがき　*i*

序　論 ……………………………………………………………… *1*
1. 問題の所在 ………………………………………………… *1*
2. 本研究の目的と意義 ……………………………………… *3*

第Ⅰ章　エンカウンター・グループの特質 ……………… *7*
1. エンカウンター・グループの定義とその特徴 ………… *7*
   （1）　定　　義　*7*
   （2）　エンカウンター・グループの特徴　*8*
2. エンカウンター・グループの目的 ……………………… *9*
3. ファシリテーションのねらい …………………………… *10*
4. エンカウンター・グループの発展段階 ………………… *11*
   （1）　グループ・プロセスの発展段階　*11*
   （2）　グループ・プロセスの展開　*11*
   （3）　グループ・プロセスの発展段階と展開　*13*

第Ⅱ章　低展開グループにおけるファシリテーションの事例研究 ……………………………………………… *15*
1. グループ構成 ……………………………………………… *15*
2. 参加前の気持ち …………………………………………… *16*
3. 経　　過 …………………………………………………… *17*
4. 参加後の感想 ……………………………………………… *32*
5. 考　　察 …………………………………………………… *34*
   （1）　グループ発達について　*34*
   （2）　低展開グループのグループ開始前の要因について　*35*
   （3）　ファシリテーションについて　*36*

第Ⅲ章　中展開グループにおけるファシリテーションの事例研究 …… 43

1. グループ構成 …… 43
2. 事前オリエンテーション …… 44
3. 参加前の気持ち …… 46
4. 経　　過 …… 47
5. 参加後の感想 …… 59
6. 考　　察 …… 62
   （1）グループ発達について　62
   （2）ファシリテーションについて　63

第Ⅳ章　非典型的な高展開グループにおけるファシリテーションの事例研究 …… 71

1. グループ構成 …… 71
2. 参加前の気持ち …… 72
3. 経　　過 …… 73
4. 参加後の感想 …… 89
5. 考　　察 …… 92
   （1）グループ発達について　92
   （2）ファシリテーションについて　93

第Ⅴ章　典型的な高展開グループにおけるファシリテーションの事例研究 …… 101

1. グループ構成 …… 101
2. 経　　過 …… 102
3. 考　　察 …… 139
   （1）グループ発達について　139
   （2）ファシリテーションについて　139

第Ⅵ章　総合的考察 ……………………………………………… *153*
1．ファシリテーターの基本的在り方 …………………………… *153*
（1）　2つの視点　*153*
（2）　2つの立場　*154*
（3）　2つのファシリテーション機能　*154*
2．グループの発展段階におけるファシリテーション技法 …… *155*
（1）　導　入　段　階　*155*
（2）　展　開　段　階　*167*
（3）　終　結　段　階　*175*
3．ファシリテーターの非促進的関わり ………………………… *179*
4．そ　の　他 ……………………………………………………… *181*
（1）　エンカウンター・グループから日常生活への移行に向けての技法　*181*
（2）　先行研究と本研究の比較　*181*

総　括 ………………………………………………………………… *185*
1．発展段階におけるファシリテーション技法の体系化 ……… *185*
2．本研究の制約と今後の課題 …………………………………… *189*

文　献　*191*
索　引　*203*
あとがき　*205*

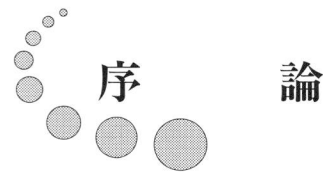

序　　論

1．問題の所在

　1970年にわが国最初のベーシック・エンカウンター・グループ（basic encounter group）の実践が京都で実施されて以来，数多くの研究が行なわれてきた。それらの研究展望は，村山・野島・安部・岩井（1979），野島（1983 a, b），茂田・村山（1983），村山・野島・安部（1987），坂中・村山（1994），林（1997）等でなされている。しかし，エンカウンター・グループ研究の3大領域（効果研究，プロセス研究，ファシリテーター研究）のなかでは，ファシリテーター研究が質・量ともに一番遅れている。その理由は，①研究者がかなり豊かなファシリテーター経験を積み重ねることが必要であること，②自分で自分自身を対象化しなければならないこと等のためかなり難しいからである。

　〔ちなみに，ファシリテーション，プロセス，効果の関係は図1のようになっている。Lieberman（1973）が指摘するように，リーダー（ファシリテーションシップ）がグループのプロセス，効果を規定する〕

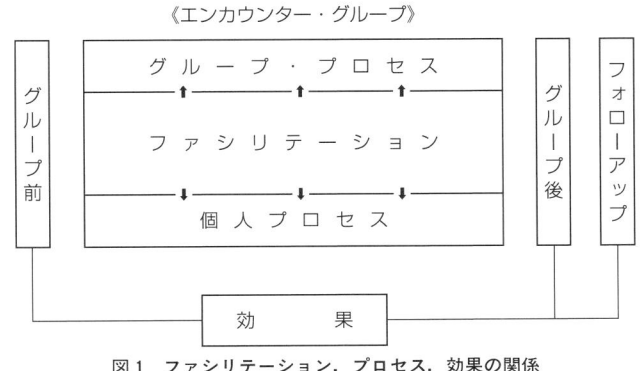

図1　ファシリテーション，プロセス，効果の関係

序論

これまでのわが国のエンカウンター・グループに関する文献のなかで，タイトルに「ファシリテーター」「ファシリテーション」というキーワードがついていたり，それらについて述べていると思われるものをひろうと約180本ある。それらを整理すると，①ファシリテーター体験記(村上，1979等)，②ファシリテーター体験の事例研究(加藤，1991等)，③ファシリテーターをめぐる実証的リサーチ(申，1986b等)，④ファシリテーション論〔ファシリテーター論〕(保坂，1983等)，⑤コ・ファシリテーター関係(林，1986a等)，⑥ファシリテーター養成(畠瀬，1994等)，の6つに大きく分けられる。

〈ファシリテーション論〉ということで論じたものとなると約20本ととても少ない〔ちなみに，ベーシック・エンカウンター・グループの発祥の地アメリカでも，Rogers (1970, 1971) のファシリテーション論以外には見つけることができなかった〕。ましてグループ・プロセスの発展段階におけるファシリテーション技法について論じたものとなるとなると，2つだけ(山口，1982，宮崎，1983) しかない。しかも，この2つは事例研究等を通して構築されているわけでもなく，あくまでも試論の域を出ていない。〔これらの詳細は野島(1997)参照〕

なお，ファシリテーション技法論が少ない理由は，ロジャーリアンは to do is to be という言葉が好きであること，技法性よりは人間性を大切にする傾向が強いことが関係しているように思われる。しかし筆者は，実際には両方ともが大切であるという立場に立つし，また人間性（あるいは to be）は技法性（あるいは to do）を通して表現されると思っているので，より良いファシリテーションのためには技法論の研究は欠かせないと考える。

もちろん，グループ・プロセスの発展段階を区別せずに全般的に論じることでも，ある程度のことが言えるのではあるが，より詳細に論じるには，段階を区別して論じることが大切である。

以上のことから，問題を一口で述べるならば，これまでのファシリテーション研究では，グループ・プロセスの発展段階における緻密なファシリテーション技法論が，その必要性はありつつも，きちんと構築されていないということである。

2．本研究の目的と意義

　本研究の目的は，従来の研究ではなされていないグループ・プロセスの発展段階（導入段階，展開段階，終結段階）におけるファシリテーション技法を体系化することである。

　その目的のために，本研究ではグループ・プロセスの展開が違う4つのグループ（低展開グループ，中展開グループ，非典型的な高展開グループ，典型的な高展開グループ）について，ファシリテーションの視点より，事例研究の方法論により検討を行う。そして，それらを総合することを通して，エンカウンター・グループの発展段階におけるファシリテーション技法の体系化を行なう。〔ちなみに，本研究の対象事例の抽出は，図2のような形で行なわれている。〕

　このようなグループの発展段階におけるファシリテーション技法の体系化を行なうことの意義は大きく3つあると考えられる。

　第1は，ファシリテーターの養成・訓練に役に立つということである。ファシリテーターをめざす人やファシリテーターの初心者にとっては，全般的に論じられているものよりは，段階を区切って論じられているものの方が，学ぶうえでとても学びやすくなる。近年は，エンカウンター・グループのニーズが非常に高まっており，優秀なファシリテーターを育てていかなければならない状況となっているだけに，このようなファシリテーション論の構築が早急に望まれていると言えよう。

　第2は，ファシリテーション（ファシリテーター）研究の発展に役に立つということである。発展段階におけるファシリテーション技法が明確にされることで，事例研究や実証的リサーチの視点・ポイントがはっきりすることになり，研究がやりやすくなる。従来ファシリテーター研究があまり多くなされてこなかったのは，このような視点・ポイントがはっきりしていなかったせいもあるように思われる。

　第3は，ファシリテーション（ファシリテーター）研究とリンクしているプロセス研究，効果研究の発展に寄与するということである。エンカウンター・グループのファシリテーション，プロセス，効果は，図1のような形で理論的

4　序　論

```
私のファシリテーター体験＝104回
   (1970年～1997年)
```
↓

発　表　事　例＝13事例

	No.	日程	参加者	プロセス	発表先
低展開グループ	1	1泊2日, 3S 合計11時間	ファシリテーター2名 メンバー　　7名 （教会青年）	導入段階：1-2S 展開段階：なし 終結段階：3S	九州大学教育学部紀要（教育心理学部門), 20(2), 1976
	②	2泊3日, 11S 合計23時間	ファシリテーター1名 メンバー　13名 （看護学生）	導入段階：1-10S 展開段階：なし 終結段階：11S	福岡大学人文論叢, 14(4), 1983
	3	2泊3日, 10S 合計21.5時間	ファシリテーター1名 メンバー　15名 （看護学生）	導入段階：1-9S 展開段階：なし 終結段階：10S	福岡大学人文論叢, 15(4), 1984
	4	3泊4日, 9S 合計24時間	ファシリテーター1名 メンバー　10名 （看護学生）	導入段階：1-8S 展開段階：なし 終結段階：9S	福岡大学人文論叢, 25(4), 1994
中展開グループ	⑤	2泊3日, 11S 合計25.5時間	ファシリテーター1名 メンバー　15名 （看護学生）	導入段階：1-7S 展開段階：8-10S 終結段階：11S	福岡大学人文論叢, 16(3), 1984
	6	3日間, 5S 合計13.5時間	ファシリテーター1名 メンバー　12名 （養護教諭）	導入段階：1-2S 展開段階：3-4S 終結段階：5S	福岡大学総合研究所報, 126, 1990
	7	3日間, 5S 合計15.5時間	ファシリテーター1名 メンバー　12名 （養護教諭）	導入段階：1-2S 展開段階：3-4S 終結段階：5S	福岡大学総合研究所報, 134, 1991
	8	4日間, 7S 合計18.5時間	ファシリテーター3名 メンバー　10名 （教師）	導入段階：1-2S 展開段階：2-6S 終結段階：7S	福岡大学総合研究所報, 153, 1993
	9	3泊4日, 9S 合計24.5時間	ファシリテーター1名 メンバー　11名 （看護学生）	導入段階：1-5S 展開段階：6-8S 終結段階：9S	福岡大学人文論叢, 27(3), 1995
	10	2泊3日, 11S 合計23時間	ファシリテーター1名 メンバー　11名 （看護学生）	導入段階：1-5S 展開段階：6-10S 終結段階：11S	福岡大学人文論叢, 27(4), 1996
高展開グループ	⑪	4泊5日, 12S 合計34時間	ファシリテーター2名 メンバー　10名 （看護婦）	導入段階：1-5S 展開段階：6-11S 終結段階：12S	久留米信愛女学院短期大学研究紀要, 3, 1980
	12	3日間, 11S 合計23.5時間	ファシリテーター1名 メンバー　14名 （看護学生）	導入段階：1-4S 展開段階：5-10S 終結段階：11S	福岡大学人文論叢, 12(3), 1980
	⑬	2泊3日, 11S 合計23時間	ファシリテーター1名 メンバー　14名 （看護学生）	導入段階：1-3S 展開段階：4-10S 終結段階：11S	福岡大学人文論叢, 14(3), 1982

↓

本研究の対象事例＝4事例

●発表事例のNo.に○がついているもの＝本研究の対象事例
●セレクトの基準：
・基本的に3つのタイプごとに典型的な事例を1つずつ抽出
・追加的に高展開グループのなかから非典型的な事例を1つ抽出

図2　本研究の対象事例の抽出

には関連し合っている。つまり，ファシリテーションがプロセス（グループ・プロセス，個人プロセス）を規定し，そのプロセスが効果を規定している。だから，ファシリテーション技法の体系化は，より精密なプロセス研究や効果研究が行なわれることにつながるのである。

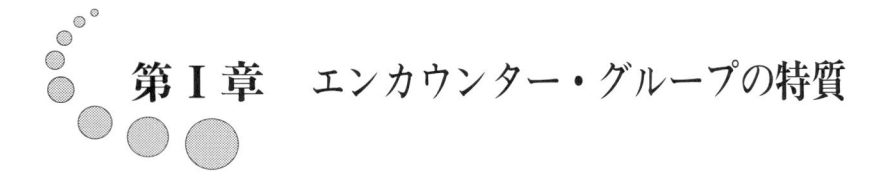

第Ⅰ章　エンカウンター・グループの特質

1．エンカウンター・グループの定義とその特徴

（1）定　　義

　エンカウンター・グループという用語は，村山（1973）が指摘するように3つの意味（人間性回復運動，集中的グループ体験，ベーシック・エンカウンター・グループ）に用いられる。本研究では，〈ベーシック・エンカウンター・グループ〉という意味で用いる。

　このような意味でのエンカウンター・グループについて，その創始者であるRogersは，エンカウンター・グループについての著書（Rogers, 1970）のなかで，その特徴をいくつかあげてはいるものの，明確には定義していない。

　わが国では林（1990 a）が，「エンカウンター・グループとは，①人工的な小集団（通常，8人〜12人の小グループ）の基本的な場において，②来談者中心的な立場の集団のリーダー（ファシリテーターと呼ばれる。1人〜数人）を含めたメンバー間の相互作用を媒介として，③各メンバーの精神的成長（パーソナリティーの健全化および成長，個人的悩みや問題行動の解決，改善）の促進を目的とする，グループ・アプローチである」と定義している。また，平山（1993）は，「『来談者中心療法を概念的支柱とし』，『経験の過程を通して，個人の成長，個人間のコミュニケーションおよび対人関係の発展と改善の促進を第1の目的とする』『集中的グループ経験のひとつ』」と定義している。

　さらに林（1998）は，エンカウンター・グループ概念を次のように新たに定義している。「エンカウンター・グループとは，10人前後の小人数の自発的な参加者と1，2人のファシリテーターと呼ばれるスタッフにより構成されるクローズドの小集団体験を集中的に行なうものである。エンカウンター・グループの目的は，個人の心理的成長である。この目的は，グループに促進的な風土が

できた時に生じる基本的出会いを通じて達成される。

　ファシリテーターは，自己一致，受容，共感的理解，という態度を自らが積極的に追求し，また，グループの場を信頼し，そのことをメンバーに伝えることによって，グループに促進的な風土を育てる。また，リーダーシップをとる行動は，最小限にとどめる。さらに，ファシリテーターは，診断的理解ではなく実存性を重視し，『いま，ここでの』体験に基づいて行動する」。

　筆者は，エンカウンター・グループを次のように定義する（表1）。

表1　エンカウンター・グループの定義

「エンカウンター・グループとは，自己理解，他者理解，自己と他者との深くて親密な関係の体験を目的として，1～2名のファシリテーターと10名前後のメンバーが集まり，集中的な時間のなかで，全員でファシリテーションシップを共有して，〈今，ここ〉でやりたいこと・できることを自発的・創造的にしながら相互作用を行ないつつ，安全・信頼の雰囲気を形成し，お互いに心を開いて卒直に語り合う場である」

（2）　エンカウンター・グループの特徴

　筆者の定義から分かるように，エンカウンター・グループは次のような特徴を持つと言えよう（表2）。

表2　エンカウンター・グループの特徴

①目的は「成長」である——「訓練」を目的とするTグループ，「治療」を目的とする集団精神療法とは異なる。
②ファシリテーターシップはファシリテーターに固定せず，全員が共有するシェアード・ファシリテーターシップ（shared facilitatorship）と言うこともある。
　ちなみに，Tグループの「トレーナー」，集団精神療法の「セラピスト」あるいは「リーダー」は，基本的には一貫してリーダーシップをとり続ける人である。また，Tグループの「トレーナー」，集団精神療法の「セラピスト」あるいは「リーダー」とそのグループへの参加者の関係は，一貫して「援助者」と「被援助者」といった一種の上下関係である。
③自発的・創造的なプロセス志向（process oriented）である——あらかじめ準備されたプログラムやテーマやシナリオは一切なく，ファシリテーターとメンバーで模索しつつ展開していく。
④相互作用が行なわれる——ファシリテーターとメンバー，メンバーとメンバーの間で互いに作用しあう。
⑤安全・信頼の雰囲気を大切にする——強制したり，無理をさせたり，脅威を与えたりする雰囲気ではない。
⑥自分自身および他者にオープンになる——自己欺まん的，自己防衛的ではなくなり，正直，卒直，素直になる。
⑦集中的に時間をとる——普通は数日間合宿をする。
⑧小グループである——中グループ，大グループとは異なる。

以上のことから，エンカウンター・グループと他のグループ・アプローチ（Tグループ，集団精神療法等）の本質的な違いは，①と②の2点にあると言えよう。

2．エンカウンター・グループの目的

　エンカウンター・グループの（一般的）目的について Rogers（1970）は，「個人の成長，個人間のコミュニケーションおよび対人関係の発展と改善」と述べている。

　ただこの目的は，きわめて抽象的であり，具体性に欠ける。それ故，実際のグループにおけるファシリテーターや各メンバーの目的についての個別的イメージは必ずしも同じではない。別の言い方をすれば，それぞれがそれぞれの「期待や思い」をもっていることになる。

　このため，グループは開始されてしばらくは，それぞれの「期待や思い」の（ベクトルの）ズレのために，モタモタしたりギクシャクしたりすることになる。しかし試行錯誤をしていくうちに，やがてそれぞれの「期待や思い」の（ベクトルの）〈合力〉ともいうべき一定の（目的についての）方向性がはっきりしてくる。つまりグループの目的やアイデンティティが明確になってくる。

　別の表現をすれば，エンカウンター・グループの募集段階でのいわば「一般的目的」は，実際に集まったファシリテーターとメンバー達によって「すり合わせ」が行なわれ，そのグループ独自の「個別的目的」が持たれることになる。このため，ファシリテーターは同一人であっても，構成メンバーが異なれば，当然そのグループの「個別的目的」は違ってくることになる。

　多くのグループ・アプローチ（Tグループ，集団精神療法等）では，「あらかじめ設定された目的」の達成に向けて，グループ担当者はメンバーなりグループを引っ張っていくということが行なわれるが，エンカウンター・グループでは，ファシリテーターとメンバー達によって「個別的目的」が創られていくのであり，ここにエンカウンター・グループの大きな特色がある。

3．ファシリテーションのねらい

エンカウンター・グループにおいてファシリテーターは，何に向かってファシリテーションするのであろうか。つまりファシリテーションの〈ねらい〉は何であろうか。本研究では次のように規定する（表3）。

表3　ファシリテーションのねらい

①グループの安全・信頼の雰囲気形成——グループの雰囲気はエンカウンター・グループの土台（土俵・容器のようなもの）であり，これを居心地のよいものにすることは非常に大切である。
②相互作用の活性化——相互作用が活発に行なわれ，相互のコミュニケーションが正確になされることは，自己理解，他者理解，関係づくりには欠かせないことである。
③ファシリテーションシップの共有化——ファシリテーターが一貫してファシリテーションシップ（個人，相互作用，グループに促進的・援助的に働きかけること）をとり続けるよりは，折々に各メンバーがファシリテーションシップを発揮する方がグループにとっても個人にとってもより有益であると考える。
④個人の自己理解の援助——エンカウンター・グループの目的の1つは自己理解であるので，それに向けていろいろ働きかけることが必要である。
⑤グループからの脱落・心理的損傷の防止——グループの進展にともない，脱落しそうな人，心理的損傷を受けそうな人が出てくることがあるが，それを防止する必要がある。

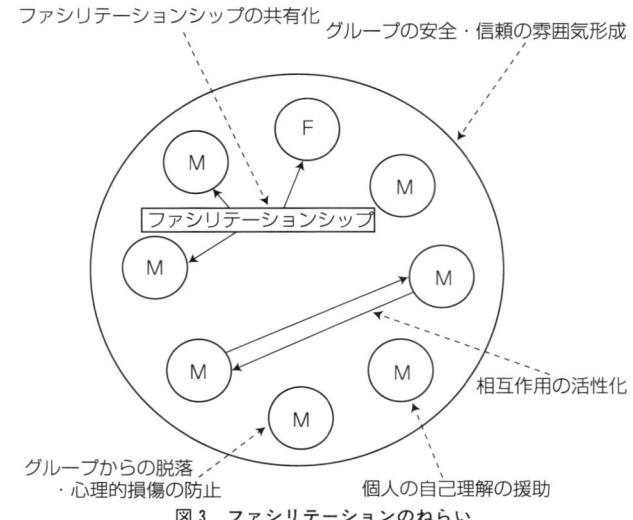

図3　ファシリテーションのねらい

ファシリテーションのねらいを，イメージ的にわかりやすく図示したものが前頁の図3である。Fはファシリテーター，Mはメンバーを表わす。円がグループである。ファシリテーションの5つのねらいが点線で示されている。

4．エンカウンター・グループの発展段階

(1) グループ・プロセスの発展段階

村山・野島（1977）の発展段階仮説では6つの段階と終結の段階から成っているが，それでは細かすぎるので，それらをベースにしながら，グループ・プロセスをよりすっきり理解しやすくするために，筆者は大きく3つの発展段階（導入段階，展開段階，終結段階）にまとめ直した。その一覧表が表4である。

〔ちなみに，村山・野島の発展段階仮説に基づいて，林（1989a，1995）は発展段階尺度を作成している。〕

表4 グループ・プロセスの発展段階

時　期	村山・野島の発展段階仮説	普通の相当セッション
導入段階	段階Ⅰ：当惑・模索 段階Ⅱ：グループの目的・同一性の模索 段階Ⅲ：否定的感情の表明	第1セッションから 第5セッション頃まで
展開段階	段階Ⅳ：相互信頼の発展 段階Ⅴ：親密度の確立 段階Ⅵ：深い相互関係と自己直面 段階Ⅵ以降	最終セッションの前の セッションまで
終結段階	終結段階 ⓐ段階Ⅳ以上に展開したグループ ⓑ段階Ⅳまで展開しなかったグループ	最終セッション

各発展段階の特徴は，次頁の表5，6，7のようである。

(2) グループ・プロセスの展開

グループ・プロセスは，メンバーの参加動機・意欲やファシリテーターの能力等によって，どのように展開するかがかなり異なってくる。全てのグループがいつも一定のレベルまで展開するとは限らない。そのような展開の違いから

表5　導入段階の特徴

　村山・野島の発展段階の仮説でいえば,「段階Ⅰ：当惑・模索」,「段階Ⅱ：グループの目的・同一性の模索」,「段階Ⅲ：否定的感情の表明」の時期であり,普通は第1セッションから第5セッション頃までが,これに相当することが多い。

　この段階は混沌とした状態であり,ファシリテーターにとってもメンバーにとっても,居心地が悪く,いろいろと試行錯誤をする時期である。そして試行錯誤しながら徐々にウォーミングアップが行なわれ,安全感が次第に増してくる。別の言葉で言えば,展開段階のための土俵づくりが行なわれることになる。この導入段階をどのように経過していくかということは,その後のグループ展開を大きく左右する。この時期をうまく経過できれば,次の展開段階に入っていけるのであるが,ここでつまづくと,最後までグループはモタモタし,展開段階に入れぬままに終わることにもなりかねない。それだけに,ある意味ではこの段階が一番難しいとも言える。

表6　展開段階の特徴

　導入段階を経ると,いよいよ展開段階である。村山・野島の仮説で言えば,「段階Ⅳ：相互信頼の発展」,「段階Ⅴ：親密感の確立」,「段階Ⅵ：深い相互関係と自己直面」,そして段階Ⅵ以降の発展の段階である。普通は最終セッションの前のセッションまでが展開段階に相当することが多い。なお,セッション数の多少によりどの程度まで展開するかは違ってくるのであるが,順調にグループが展開しても,最低限の一通りの展開(「段階Ⅵ：深い相互関係と自己直面」への到達)が生じるには,展開段階に入ってから少なくとも3セッションは必要であるように思われる。

　この段階は,グループとしてのまとまりができ,安全感や信頼感,親密感が高まり,1人1人にスポットライト(焦点)があてられ,率直な自己表明や関わりあいが起こり,いわゆる盛り上がった状態になる。

表7　終結段階の特徴

　終わりの時が近づくにつれ,グループは終結段階となる。村山・野島の仮説では「終結段階」であり,普通は最終セッションがこれに相当することが多い。

　この段階は,ⓐ段階Ⅳ以上に展開したグループではそれなりの満足感があり,心地よい雰囲気のなかで終わりを迎える。ⓑそこまで展開しなかったグループでは不満足感が強く,なんとかそれなりのおさまりをつける努力が行なわれる。この終結段階をどのように過ごすかということは,導入段階に次いでなかなか難しい。特に段階Ⅳまで展開していない場合はなおさらである。

　グループは,次頁の表8のような3つのタイプに分けられる。

　ちなみに,低展開グループに留まる理由としては,①日程が短い等のグループ構成上の問題,②メンバーの参加動機・意欲がかなり低い等のメンバー側の問題,③ファシリテーターの意欲・能力等のファシリテーター側の問題,④メンバーとファシリテーターの相性の問題等が複雑にからんでいる。

表8　グループ・プロセスの展開のタイプ

タイプ	展開
① 低展開グループ（Low Development Group）	遂に最後まで導入段階をうまく経過できなかったグループ
② 中展開グループ（Middle Development Group）	導入段階を経過するも展開段階の進展がやや不十分なグループ
③ 高展開グループ（High Development Group）	導入段階をうまく経過し、かつ展開段階もかなり進展したグループ

（3）グループ・プロセスの発展段階と展開

「グループ・プロセスの発展段階」と「グループ・プロセスの展開」を便宜的に一覧できるようにまとめたものが図4である。低展開グループは、遂に最後まで導入段階をうまく経過できず、展開段階に入れないままである。中展開グループは、導入段階を経過し展開段階に入るも、その進展がやや不十分である。高展開グループは、導入段階をうまく経過し、かつ展開段階もかなり進展している。

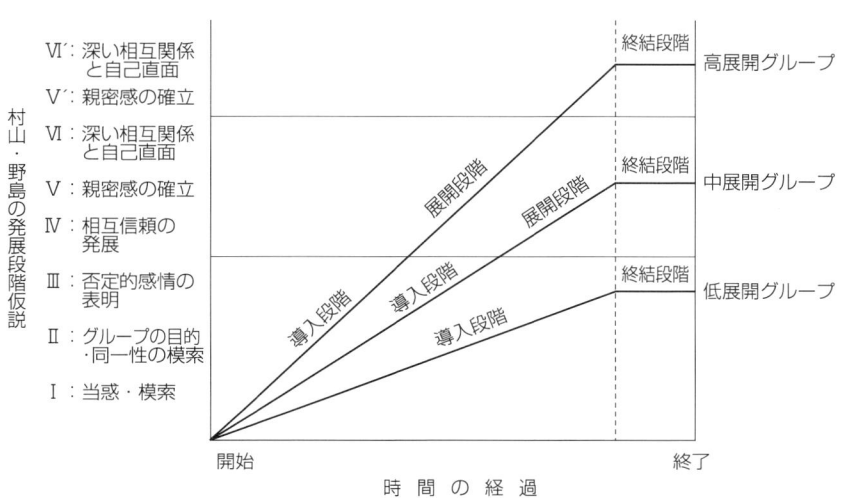

図4　グループ・プロセスの発展段階と展開

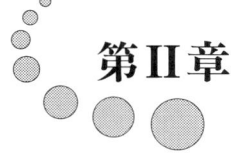

第II章　低展開グループにおける
　　　　ファシリテーションの事例研究

1．グループ構成

　a．エンカウンター・グループの位置づけ　ここで報告するエンカウンター・グループは，A高等看護学校において，3週間の精神科実習が終って1週間後の1982年10月上旬に，特別教育「人間関係訓練（エンカウンター・グループは）」として，3年生を対象に行なわれた。パンフレットには目的として，「①自己や他者との真の出会いの体験をわかちあい，心理的成長をはかる。②対人関係の技術を習得する。」と述べられている。

　b．グループ編成　39名の参加者（3年生全員）は，3つのスモール・グループに分けられ，ファシリテーター（男性）が1名ずつついた。グループ分けは，まずクラス委員に，学生全員を活発な人，中間の人，おとなしい人の3つに分けさせ，次に教務の先生がそれを参考にしながら，3つのグループが同質になるように分けるという形で行なわれた。ここで報告する（筆者がファシリテーターを行なった）グループのメンバーは13名（全員グループは初体験）である。アイウエオ順に，Aさん〜Mさんとする。年令は，20才が6人，21才が6人，22才が1人（Gさん）である。（ファシリテーターは35才）。ほとんどが寮生であるが，Kさんだけは通学生である。特徴的な個人としては，Aさんはこれまで胃腸障害（心身症？）の既往歴がある。Mさんは母親がガンの疑いで入院中であり，前日まで病院で付き添って看病をしており，この訓練に参加するかどうかはギリギリまではっきりしなかった。

　なお，この学年には次のような特別の事情がある。第1には，この学年は入学時は41名であった，2年生から3年生に上がる時に1名が原級留置になっている。また，3年生の7月に1名（この人はMさんと一緒の仲良しグループの1人であった）が退学している。その際，この人をめぐって，クラスでは何度

か話し合いがもたれたようである。このように入学時の人数が途中で欠けるということは，この学校ではきわめて稀なことである。第2には，入学以来この学年に対する教務の先生方の受けとめ方がかなり negative である。その内容は，「自己評価が高い……自己をみつめるよりはすぐ相手を評価してしまう……感情を表に出さない……深い交わりができない……相手の立場に気がつかない……授業に行くと生気を吸いとられる感じ」等である。このようなかなり negative な受けとめ方を聞かされたのは，筆者にとってはこの10年間で初めてである。

c．**スケジュール**　3日間のスケジュールは次のようであった。1日目は第1セッション（午前9時半～12時），第2セッション（午後1時～3時），第3セッション（午後3時半～5時半），第4セッション（午後7時～9時）。2日目は第5セッション（午前9時半～12時），第6セッション（午後1時～3時），第7セッション（午後3時半～5時半），第8セッション（午後7時～9時）。3日目は第9セッション（午前9時半～12時），第10セッション（午後1時～3時），第11セッション（午後3時半～5時半）。合計11セッション（23時間）である。

d．**場所**　研修場所は看護学校であった。セッション・ルームは実習室（他のグループは図書室，教室）が用いられた。床にコタツ布団を敷いて，座布団を円く並べた。

夜の宿泊は，学生のほとんどは寮生なので，寮でいつもの通り休んだ。ファシリテーターは自宅に帰って休んだ。

2．参加前の気持ち

「参加者カード」のグループへの《参加意欲》についての7段階評定の結果は，〈どちらかといえばある〉が1名（G），〈どちらともいえない〉が8名（A，B，C，D，E，F，J，L），〈どちらかといえばない〉が3名（H，I，K），〈あまりない〉が1名（M）である。平均点＝3.69，標準偏差＝0.72

グループへの《期待》についての7段階評定の結果は，〈どちらかといえばあ

る〉が2名（B，E），〈どちらともいえない〉が9名（A，C，D，G，H，I，J，K，L），〈どちらかといえばない〉が1名（F），〈あまりない〉が1名（M）である。平均点＝3.92，標準偏差＝0.73

　記述欄には，ほとんどの人が不安と期待を表現している。例えば，《参加意欲》が最も高いGさんは，「どういう事が始まるのか未知だけに不安である。しかし，何か得るものがあるのではないか，それによって自分を深く知ることができるのではないか，との期待もある。」と述べている。また，《期待》が最も高い2人のうちの1人Bさんは，「どんなことをみんなから思われているのだろうかと，これからの感受性訓練で知るということが，今一番こわくて，ゆううつな気分である。その半面，これからの考え方や行動など，私自身のためになると思えば，がんばっていけそうな気がする。」と述べている。さらに，《参加意欲》，《期待》が共に最も低いMさんは，「授業内容の1つとしてくりこまれているので，しょうがなく参加している。希望であったら，参加しなかったと思う。自分のことを知るというのは，重要で自分にとってプラスになると思うが，いやな自分が見えそうで不安である。しかし，1つの経験で，こういうチャンスはあまりないので，まじめにとりくんでいきたい。」と述べている。

3．経　過

　以下の記述中，魅力度は7段階評定（1〜7で，数値が高いほど魅力度は高い）の結果であり，メンバーのものは平均点（カッコ内は標準偏差）である。

■第1セッション（1日目の午前）：沈黙→沈黙中の気持ちを表現

〔動き〕　まずファシリテーターが，「私はファシリテーターということになっているが，皆さんを積極的にどんどん引っ張っていくという意味でのリーダーではないし，また司会者でもない。この場で話すことについてはあらかじめ定められたテーマというものはない。話せることを話していこう。さあどうぞ」と最初の導入の発言をする。すると沈黙が25分間続く。

　やがてEさんが，「どうやってこの場を進めたらよいのかわからない」と述べ

る。しかし，これに続いてのグループからの発言はなく，再び沈黙となる。しばらくしてファシリテーターが，「沈黙中に，皆さんの顔をみて，この人はどんな人かなあと思っていた」と語る。しかし，これへの反応もなく，その後20分間は沈黙がちの状態が続く。

そのうちファシリテーターが，「沈黙中に，ある人は何とかしなければと思っているようだし，ある人はこのままの状態でよいと思っているようだ」とグループへの感想をフィードバックする。すると，Eさん，Fさん，Hさん，Aさんが，沈黙中の自分の状態について語り，さらに「まだ発言していない人のことを知りたい」と言う。それで，順番に一回り発言が行なわれる。そのなかでは，「話すとこわい」，「話したい」，「話せない」，「感受性訓練はこわい」，「自分に焦点があたるようにはしたくない」等の意見が出る。

〔ファシリテーターの感想〕　魅力度5　　自分の気持ちは落ち着いている。寝不足（前夜は急ぎの仕事があり，床についたのは午前4時半）のわりには集中している。メンバーの発言のたびに名前を聞き，全員の名前を覚えてしまった。全員が発言したことに満足。このセッションは，いいウォーミングアップになったと思う。

〔メンバーの感想〕　魅力度3.96(0.82)　　満足した点——A：1人ずつ一言ずつ言ったこと，少しずつ自分の気持ちを出せたこと。B：自分と同じ考え方をしている人がいる。いろんな方向から考えられることがわかったというか，いろんな考え方がありそうだ。C：無記入。D：無記入。E：皆が参加しようとしてくれていること。F：まだ意見が乏しいけど，1人1人が真剣に考えている所です。G：まあ自分の思っていることを言えたこと。H：無記入。I：無記入。J：特になし。K：別になし。L：なし。M：別になし。

不満足，心残り，気がかり——A：自分の言ったことについて，ふだん言わない人がどう思っているのか，何か言ってほしい。B：まだ自分の気持ちを表現できない。C：自分の思っていることを言えない。D：参加しようという意思のある人が少ない。まだ参加していない人がいるみたい。E：話す人が決まっていて，それも義務的なこと。F：思っているのに言えない。言わない人がいる。私もその1人ですが……。G：別にありません。H：もっと皆に言ってほしい。I：無記入。J：いつ内面的なものに入っていくか？どういう形で入

っていくんだろう……と思います。K：黙るなら黙る，言うなら言いつづけるといった風に盛り上がればいいのに……。L：なし。M：別になし。

■**第2セッション（1日目の午後Ⅰ）：沈黙→感受性訓練への不信感，こわさ，不安→Kさん**

〔動き〕　最初から沈黙が10分間続いた後，ファシリテーターが，「今の沈黙は，何かが生まれるための沈黙というよりは，死の沈黙という感じであり，これは意味がないように思う」と発言する。しかし，その後も沈黙が30分間続く。

やがてFさんが，「沈黙は意味がない」と述べる。するとようやくメンバーからの発言が始まる。感受性訓練への不信感（「目的に書いてある『真の出会い』，『体験のわかちあい』なんてこれは何よ！」等），こわさ（「感受性訓練では，人をつるしあげることをやると先輩から聞いている」等）を語る人，ファシリテーターにヒントを求める人，「これからどうなるのか」と不安を述べる人等，さまざまである。

そのうち残り時間15分というところで，Kさんが，「私に何か言って」とグループからの発言を求める。これに対して，2，3人が少し発言をする。

〔ファシリテーターの感想〕　魅力度2.5　　自分のグループでの居心地が悪い。沈黙が続いている時には，「居心地悪いなあ」，「マイッタナー」等何度も発言。後半では，発言者への質問，確認をやっている。メンバー間に，他の人のなかに入ったり，逆に入られたりすることで，傷つけたり，傷つけられたりするのではないかとの不安がきわめて強いように感じる。感受性訓練への不信感，恐れが強いなあ。グループは重たいなあ。

〔メンバーの感想〕　魅力度2.65(1.41)　　満足した点――A：ありません。B：無記入。C：無記入。D：なし。E：MさんやJさん達が会をすすめようとしてくれたこと。F：無記入。G：あまりない。H：Kさんが言って欲しいと言ったこと（?!）。I：無記入。J：なし。K：無記入。L：無記入。M：無記入。

不満足，心残り，気がかり――A：黙っていれることに対して不満をおぼえる。B：早くこの雰囲気を変えたい！　C：無記入。D：みんなやる気がある

のか……。E：1人の人についてみんないいことしか言わないこと。いろいろ思ってるだろうに……。無意味だと思う。ほめあいなんか……。F：みな何らかの関わることで難を避けたいという気持ちがあるようで，なかなか進歩しませんでした。G：無記入。H：まだやる気のなさそうな傍観者的な人がいること。I：無記入。J：なし。K：これからどうなるのだろう。L：無記入。M：慣れないこと（最初はとにかく誰かが何かを言うのを待とうと思ったが，ずっと出なくて，個人的にはそれでも良いと思っていたが，さっき『私は黙っているのがいい』と言ったことで，話ができない人もいるのではと思い，発言するが，やはりしない方が良かった。無理は禁物!!）は，やはりしない方が良いと思った。

■**第3セッション（1日目の午後Ⅱ）：Aさん→「自分の大切なもの」→リラックス**

〔動き〕　初めからAさんが自発的に自分のことを1時間にわたってとうとうと話す。生まれた時のことから，現在に至るまでの様子を細かく述べる。その中で，「小さい時，父母が離婚しそうになったことがあり，とても悲しかった」，「看護学校受験の時，父が合格を願って禁煙をしてくれたことが嬉しかった」と語る時に，涙ぐむ。

　一通り話し終えたところで，Aさんは，「自分のいいところ，悪いところを言って」とグループからのフィードバックを求める発言をする。これに対してEさん，Jさんから，「そうすると感受性訓練のようになるからイヤ」と反対の発言が出る。

　そしてJさんの提案で，「自分の大切なものは何かを言おう」ということになる。Jさんは，「自分」と述べる。Eさんは，「友達。私は小さい時からよそに預けられていた。本当は父母と言わんといけんのやろうけども…」と涙ぐむ。Mさんは，Eさんの親の話に触発されてか，現在入院中の母親（近々難しい手術の予定）のことを涙ながらに語り，「このような状況をのり切る自分の精神力が一番大切と思う」と述べる。Dさんは「人を愛する気持ち」，Kさんは「好きな人」と語る。

　そのうち，「どうもこの場が暗くて深刻。もっと楽にやろうよ」との発言が数

人のメンバーから出る。そして夢の話，金しばりのこと（Ａさん，Ｃさん，Ｅさん，Ｈさんは実際の自分の体験を語る）が話題となり，グループには笑いも起こりリラックスした雰囲気となる。

〔ファシリテーターの感想〕　**魅力度 5.5**　グループが自動的に動くので聞いている。ファシリテーター的発言はなく，時々質問と確認をする程度。メンバーは自己を語ることはするが,,他者についてのフィードバックはしない（感受性訓練的になるから）。グループ発達としては,「段階Ⅳ：相互信頼の発展」か？　そうなると前セッションでグループはイヤだイヤだと言っていたのは,「段階Ⅲ：否定的感情の表明」か？　Ｇさん，Ｉさんの無発言が気がかり。

〔メンバーの感想〕　**魅力度 4.35(0.86)**　満足した点——Ａ：みんなで話をしようという気持ちになったこと。楽しく話ができたこと。Ｂ：話しやすい雰囲気になってきたこと。Ｃ：良い雰囲気になってきたこと。Ｄ：楽しい雰囲気になってきてると思う。Ｅ：無記入。Ｆ：暗さが大分なくなり，明るくなってきた。Ｇ：少し普段の雰囲気が出てきた点。Ｈ：皆,段々と話すようになったこと。Ｉ：無記入。Ｊ：雰囲気がなごんできたと思うこと。Ｋ：少しずつ雰囲気がよくなったこと。このまま続けばいいのに……。Ｌ：無記入。Ｍ：少しずつ明るい感じになった点。

不満足，心残り，気がかり——Ａ：これでよかったのかなと少し気がかり。Ｂ：今の調子でいろんなことをみんなと話したい。Ｃ：無記入。Ｄ：別になし。Ｅ：こんなことでいいんだろうか？　３日間このままだろうか？　こういう話し合いをするための時間なのか？　Ｆ：無記入。Ｇ：いろんなことを思っていながら,話し出せなかったような感じがあった。Ｈ：話しの方向について。Ｉ：無記入。Ｊ：無記入。Ｋ：無記入。Ｌ：無記入。Ｍ：無記入。

■**第4セッション（１日目の夜）：雑談→Ａさんの話を中断→この場の暗黙のルール→Ｈさんが不満表明**

〔動き〕　Ｅさんが少し遅れて入ってきて,「今まで寮母さん（Ｅさんの祖母）のところにいて遅くなってしまった」と言い，約20分間は寮母さんについての話をする。これが一段落してから夢の話が10分間続く。

そのうちＡさんが,「私に質問があったら聞いて」と発言する。すると数人が

あたりさわりがないような質問をし，Aさんがそれに答える。このようなやりとりに対してファシリテーターはのれず，「どうしてこんな話をするのか？」と発言し，中断させる。そしてさらに，「どうも自分の居心地が悪いので，話を中断させた」と述べる。すると，数人がパンフレットを取りだし，目的のところを見直す。しばらくしてGさんが，「第3セッションでのAさんの話の時，眠たかった」と発言する。しばらくやりとりがあってからAさんは，「話したことを後悔する」と述べる。

残り時間20分というところで，ファシリテーターが，「この場には，どうも人のことを言ってはならないという暗黙のルールができているように感じる」と発言する。すると，数人のメンバーは，「そのようなルールは，何もこの場で始まったことではなく，精神科実習の前から既にある」と語る。

最後のHさんが，「私が第2セッションで話したことについて，あるメンバーからカゲでナナメに受けとめられたようなことを言われて不愉快で，第3セッションでは黙っていた」と述べる。

〔ファシリテーターの感想〕　魅力度4.5　　前半はのれない。終り頃に介入してからのれるようになる。Gさん，Hさんの発言に満足。Bさん，Dさん，Iさんの発言が気がかり。何か事件（？）があって以来，暗黙のルールが支配的になっているのか？　カベは厚いなあ。

〔メンバーの感想〕　魅力度3.50(1.11)　　満足した点——A：自分の言ったことに対し，意見が出たこと。B：無記入。C：無記入。D：なし。E：全員が参加しようとしてること。F：無記入。G：無記入。H：？ I：無記入。J：なし。K：特になし。L：無記入。M：別になし。

不満足，心残り，気がかり——A：暗黙の了解が少しでもとけたらと思う。B：あすのセッションはどうなるんだろうか？　C：暗黙の了解で終ってしまっていいのだろうかと思う。D：感受性訓練ってこんなもんじゃないだろうに……と思って，なんかすべてに不満。E：話の方向性がいまだにつかめないこと。F：無記入。G：Aさんに対して言った感想に対して，反論が多数だった事。わかってくれなかった事。H：自分の発言です。ちょっと感情に走りすぎた気がしまして気にしています（自分の中で意見をまとめて言ったつもりでしたが）。I：なんとなく進行がスムーズにいかないような気がする。J：今の状

態で過ごすのは無意味だけど，この先，例年の方向通りに進んで，傷つくのが こわい。K：核心にふれはじめたこと。L：現状をどうにかしたいが，どうに かするのは怖い感じ。M：別になし。

■**第5セッション（2日目の午前）：お互いに言いあおう→Eさん**
　〔動き〕　Eさんが，「第4セッションのファシリテーターの話で，同じ人に対しても他者からの評価はpositive，negative 両方あると言われて，気が楽になった。それで，この場でお互いに言いあってもいいのではないかと思う。ある人は傷つけるようなことを言っても，他の人は違った見方をするだろうし」と発言する。これに対して，ほとんどの人は「こわいけどやってみてもよい」と述べる。ただMさんだけは，7月の件（ある人をめぐってみんなで本音を言いあったが，結局その人は看護学校を退学）があるし，これとだぶるから」とちょっとしぶるが，やがて，「でも言ってもよい」と述べる。尚，7月の件に関連して，「教務は私達の悪いところしか見ない」，「教務は硬くて変わらない」，「教務は頼りにならないし，私達は私達だけで頑張らなければ」等の教務への不信感・不満感が多くのメンバーから強く出される。

　その後，Eさんをめぐって60分間焦点があてられる。その中でEさんは，「私には劣等感がある」，「人から認められたい」，「私は屈折している」，「私は淋しがりや」等述べる。

　〔ファシリテーターの感想〕　**魅力度5.5**　Mさんの話の時，少し質問と確認をする。また終りに，無発言のIさんに発言を求める。Eさんをめぐっての話の時，自分のなかに疲れを感じていた。there and then のためか，それとも寝不足の影響？　グループの流れが，性格のことを話すことに移ったことに満足。レベルが1つ上がったか。ただ，もう少し迫力がないことが気がかり。

　〔メンバーの感想〕　**魅力度4.88(0.62)**　満足した点——A：自分たちでやろうという気になったこと。B：お互いに思ってることを言いあうことで成長しようと，みんなが思いながら言っている。C：無記入。D：なごやかな雰囲気でいってるところ。E：ありがたかった。みんな鋭く見ていると思う。無理しているなんて見抜いていたとはすごい。F：わからない。G：思っている事は言えた点。H：皆わりと意見をだしてくれたこと。I：無記入。J：みん

なが良いところを認めようとしていること。K：無記入。L：ひとりひとりの気持ちが徐々に開けてきたこと。M：無記入。

不満足，心残り，気がかり——A：まだ本当に本心を言ってないのかもしれない。B：もう少し活発に話したい。C：まだ本心が出ていないところがあるのでは……。D：無記入。E：みんな本当にあんなことばっかり思っているんだろうか？　本当かなあ。F：無記入。G：無記入。H：セッション6も沈黙なしにいきたい。I：自分から発言しなかったこと。J：無記入。K：無記入。L：無記入。M：どこかさめてくるのが気がかり。

■**第6セッション（2日目の午後Ⅰ）：Eさんの前セッションへの不満→立ち往生→「質問ゲーム①」（Fさん，Hさん）**

〔動き〕　しばらくの間は沈黙がち。やがてKさんがEさんに、「第5セッションで満足した？」と問う。Eさんは、「物足りなかった」と答える。さらに、「自分の側でも煙幕をはっている」、「私のなかには悪いところがあるのに、みんながそれを言ってくれない」等語る。

やがてEさんのことが一段落しても、その後は自分に焦点があたることを自発的に希望する人が出てこず先に進まなくなる。

そのうちJさんが、「他のグループでやった『質問ゲーム』（1人の人への質問を他の人全員が紙に書いて、それを一旦集めて誰の質問かわからないようにするためかき回した後、1人1枚ずつそれを取り、質問を順々に読んで、本人に答えてもらうというゲーム）をこのグループもやってみたらと思う」と提案し、グループに受け入れられる。

1番目はFさんが自分から希望する。2番以降はFさんの隣から座席順ということになり、2番目はHさんとなる。2人への質問の内容は、「好きな人は？」、「好きなことは？」、「看護婦志望の理由は？」、「イヤなことは？」、「したいことは？」等多様である。やりとりのなかで、Fさんは、「私はまじめであり、入学後『文部省』と言われていた」等述べる。またHさんは、「人に甘えられない」等語る。

〔ファシリテーターの感想〕　**魅力度5**　前半では何度も発言し、何とかグループをactivateしようと介入する。Eさんの前セッションへの不満につい

て，Eさんとグループの両方に問題があることを伝えようとしたが，そこまで伝わったかは不明。このセッションは，本道が進めないなら脇道をいう意味での「バイパス・セッション」という感じがする。質問ゲームでは，質問されて自己を語る人は生き生きしている。ただ，聞いている方が少しダレてくるか。

〔メンバーの感想〕 魅力度4.77(0.70) 満足した点——A：無記入。B：いろんな考え方，感じ方があるんだなあ。C：人の新しい面が少し分かった。D：自分の言葉でみんなが自分を表現しているという点はうれしい。E：オモシロイ。その人の知らない点を知れたこと。F：楽しくできたこと。G：ひとつひとつの質問に対して，みんな（2人だけど）まじめに答え，考えている。いい加減じゃない。H：皆が参加していること。I：無記入。J：クラスメートの意外な面をみたと思う。K：こういう方法は好き。L：その人について意外な部分を知ることができた。M；途中から眠けがさめたこと。

不満足，心残り，気がかり——A：私が不満に思っているのではないかと思われたことが，少し気になった。B：もう少し活発な意見，考えを言いあいたい。C：質問の後の深まりが足らないのではないか。D：特になし。E：その人に対する意見があっても言えないこと。F：もっと心の奥底でどう思っているのかみんな言わないので，知りたかった。G：無記入。H：なし。I：無記入。J：このグループの雰囲気は根本的にやはりあまり好きになれない。陰湿だという気がする。このゲームをやっても楽しめない。K：もっと楽しく現実的にやりたい。L：無記入。M：無記入。

■第7セッション（2日目の午後Ⅱ）：「質問ゲーム②」（Dさん，Eさん，Mさん）

〔動き〕 前セッションの続きで「質問ゲーム」が行なわれる。3番目はDさん，4番目はBさん，5番目はMさんとなる。1人につき大体40分前後の時間がかかる。やりとりの中で，Dさんは，「私はすぐ人に頼ってしまう」等述べる。Bさんは，「自分で自分がはっきりしない」等語る。Mさんは，「私は個性的でありたいと強く思っている」等発言する。

最後に，Jさんがファシリテーターに「このセッションでどんな気持ちがしていたか？」と問う。ファシリテーターは「のれていた」と答える。

〔ファシリテーターの感想〕 魅力度6　　前セッションはのれなかったが、このセッションは、バイパス・セッションだからと思い、初めの方でのろうと努力したら、そのうちのれていた。時々質問したり、フィードバックをしたりしている。同じゲームでも、今回は前セッションよりグループ全体ものれてきていることに満足。質問をされている人の話をよく聞いてみると、それぞれに持ち味があり、いいなあと思う。

〔メンバーの感想〕 魅力度5.42(0.47)　　満足した点――A：人の知らない部分がすこしずつ知れたこと。笑いの中ですすんでいる。B：みんなの考え方を聞き、どういう考え方をもっているのかわかった。C：新しい面を見ることができた（考え方etc）。D：みんなが素直に自分を表現している点。E：Mさんのお話のし方。F：沈黙がなくなり、気づかれしないことです。G：みんなが徐々にではあるけどのってきた点。H：あたった人が素直に自分を表現すること。I：今まで知らなかった面を知れてよかったと思う。J：Mさんの笑顔がとてもすてきでした。K：感受性訓練に対するイメージが少ないこと。L：それぞれの話を聞き、共感する部分が沢山あった。M：無記入。

不満足、心残り、気がかり――A：別に今のところありません。B：私も質問を受ける側になったが、どうしても考えていることを言葉として表現できなかったようだ。そして、みんなが自分に対してどう思っているのか聞きたい。C：無記入。D：無記入。E：Bさんがずっと敬語でうちとけないでいること。F：無記入。G：無記入。H：なし。I：無記入。J：無記入。K：どうでもいいという人の存在が気になる。（いるとしたら）。L：無記入。M：無記入。

■第8セッション（2日目の夜）：「質問ゲーム③」（Kさん，ファシリテーター，Aさん，Cさん）

〔動き〕　　前セッション同様「質問ゲーム」が続けられる。6番目はKさん、7番目はファシリテーター、8番目はAさん、9番目はCさんとなる。やりとりのなかで、Kさんは、「言いたいことを言える大人になりたい」等語る。ファシリテーターは質問されて、プライベートなこと（家庭のこと等）、このグループへの印象（初めは若さがないなあと思っていたが、今は若さを感じる等）、教務からの予備情報（このクラスには教務が非常に苦労していると聞かされたこ

となど），全メンバー１人１人への花あるいは色によるイメージ（例えばＥさんはひまわり，Ｈさんはバラ，Ｊさんはすみれ）等を述べる。Ａさんは，「誰と一番対決したいか」との質問に対して，「教務と対決したい」と言う。Ｃさんは，「私は一家団楽の家庭をつくりたい」等発言する。

最後に，あるメンバーが，「ファシリテーターから私達１人１人に対してイメージを言ってもらったので，私達もファシリテーターへのイメージを言おう」との発言があり，そうなる。イメージとしては，クマ（日頃は穏やかだが，一旦怒るとこわいし，力がある），菊，蓮の花，常緑樹の大きな木，手長ザル等が語られる。

〔ファシリテーターの感想〕 魅力度６　　自分に焦点があてられること，フィードバックを受けることは嬉しい。時々確認や質問をしている。またおもしろいことを言い，グループがリラックスするように心がける。満足した点は，ファシリテーターへの質問では全員がのっていたように思ったこと。自分へのイメージ・フィードバックをしてもらったこと。ただ，「質問ゲーム」というこのパターンが，やや疲れを感じさせるようにもなってきているか。

〔メンバーの感想〕 魅力度5.42(0.62)　　満足した点——Ａ：グループの雰囲気。笑いが多くあったこと。Ｂ：みんなと同じ事をみんなでやっているということが満足しているし，楽しい雰囲気でおもしろい。Ｃ：楽しい雰囲気であること。Ｄ：みんな笑顔で話してるところ。Ｅ：全員の気持ちが集中していること。Ｆ：無記入。Ｇ：無記入。Ｈ：良いムードですすんだこと。Ｉ：無記入。Ｊ：本当にみんな楽しく笑っているところ。Ｋ：みんながひとつになってきたこと。Ｌ：気持ちがスーッとしてきたこと。Ｍ：ファシリテーターの方に，花にたとえれば『あざみ』と言われたこと。あざみのようになりたいと願っていたため。

不満足，心残り，気がかり——Ａ：無記入。Ｂ：無記入。Ｃ：無記入。Ｄ：無記入。Ｅ：無記入。Ｆ：無記入。Ｇ：質問内容がいまひとつ。Ｈ：明日もこの調子でいきましょう。Ｉ：無記入。Ｊ：なし。Ｋ：明日もこの調子だといいのにな。Ｌ：明日は自分の順番だが，うまく自己表現できるだろうかと少しだけ気がかりだが，早く言ってみたい気もする。Ｍ：無記入。

■第9セッション（3日目の午前）：ファシリテーターのグループへの感想→「質問ゲーム④」（Lさん，Gさん，Iさん，Eさん）

〔動き〕　まずファシリテーターより，（ゲームが長く続くことで，グループがマンネリ化したりダレたりすることをactivateすることをねらい）「グループに関わるメンバーの個人差を強く感じる……グループ発達という意味では，最近の世の中同様に低成長という気がする……『質問ゲーム』という形ですすんでいることについては，バイパスという意味があるように思う」等述べる。

その後，「質問ゲーム」が続行される。10番目はLさん，11番目はGさん，12番目はJさん，13番目はIさん，そして最後の14番目はEさんとなる。やりとりの中で，Lさんは，「さりげなくやさしい人が好き」等述べる。Gさんは，「私は子どもが好き…自分に自信がない…変わっていると言われる」等語る。

Jさんに対しては，最初の質問からいきなり「あなたは人からいくら注意されても平気な顔をしているが，それについてどう思うか」といった意味の質問が出し，全般的に他のメンバーに比べてひときわ批判的な感じが強い質問内容である。Jさんは，「私にはわがままなところがある」等述べる。

Iさんは，「私はぼんやりしていると言われる」等語る。また，Jさんのことに触れ，「Jさんは変わろうと努力していることをわかってほしい！」と涙ながらに訴える。最後のEさんは，「将来，孤児院をつくりたい」等述べる。

〔ファシリテーターの感想〕　魅力度5　　Eさん以外の焦点があてられたメンバーには，かなりintensiveに関わり，質問を入れたりsupportをする。これらの人達がやや消極的な人達のためか。自分は積極的によく発言をしている。Jさんはクラス，あるいはこのグループでscape goatか？　満足した点は，IさんがJさんの気持ちを代弁するようなことをよく言ってくれたこと。気がかりなことは，Eさんがやや不満気なこと，Aさん，Kさん，Mさんがのれていないこと。

〔メンバーの感想〕　魅力度3.88(1.50)　　満足した点――A：別にありません。B：質問を受けた人の考え方などはじめてわかった部分があって面白い。C：無記入。D：Kさんの泣く姿をみたのは初めて感動した。E：無記入。F：無記入。G：無記入。H：解答者の気持ちを聞けたこと。I：無記入。J：無記入。K：無記入。L：無記入。M：なし。

不満足，心残り，気がかり——A：別にありません。B：無記入。C：昨日自分が質問されたことに対し，答え方が気になっている。流されてしまっていたようだ。D：このまま終ってしまうのか……と思うと，なんとなく残念といおうか，スッキリしません。E：本当にこの調子でいいのだろうか？ F：無記入。G：なんかまだ充分に自分の思ったことをそのまま表現できなかった。あれでわかってくれたかなあと気がかり。H：無記入。I：全然泣くつもりはなかった。J：無記入。K：午後から何をするんだろう。L：無記入。M：自分の性格。

※後で教務から聞いた話では，Jさんは規則を守らない等で，1年生の時から何度もクラスで問題になり，上級生からも「特別視」されていたようである。

■第10セッション（3日目の午後I）:「イメージ鬼ごっこ」

〔動き〕　ファシリテーターが，（メンバーが疲れたりダレたりしているように感じて）最初からグループがリラックスすることをねらい，「イメージ鬼ごっこ」（鬼になる人を1人部屋の外に出し，残った人達のなかで1人当てられる役を決める。その後鬼は入ってきて，『その人は色にたとえればどんな色ですか？』，『花にたとえれば？』，『食物にたとえれば？』等いろいろな具合に合計5回の質問をする。1つの質問ごとに残った人達はイメージで答える。それを聞いて鬼は当てられる役が誰であるかを判断する）を提案し，グループに受け入れられる。7～8人の人が次々と鬼になりゲームを行なうが，爆笑する場面が何回も起きる。鬼となったほとんどの人はきちんと当てる。ただBさんだけは当てることができずに，罰ゲームとしてみんなの前で美容体操を行なう。

やがてファシリテーターも鬼になるが，当てることができない。それで，罰ゲームとして，メンバー1人1人に対して「プロポーズの言葉」を言わされる。ファシリテーターはかなり苦笑するが，何とか全員にそれを言う，例えば，（運動会の二人三脚を一緒に見物しながら）「人生の二人三脚をやってみないか」，（寒い冬の日に女性の手を暖かく包みながら）「僕は君の手袋になってあげたい」等である。

〔ファシリテーターの感想〕　魅力度5.5　自分としては前半はまあまあリラックスできた。罰ゲームでは苦労したが，ここで頑張らねばと思った。「プロ

ポーズの言葉」はメンバーへの「おみやげ」かな？　率直に浮んだイメージを表現している。満足した点は，何とか全員に「プロポーズの言葉」を言えたこと。気がかりなことは，このセッションは，リラックスしてエネルギーを高めるために，問題を「　」（カッコ）に入れてそのままにしていること。ゲームの中でのちょっとした発言の端々から感受性訓練への強いnegativeなイメージをもっている人が，4，5人いるように感じられた。

〔メンバーの感想〕　魅力度5.04(0.93)　　満足した点──A：プロポーズの言葉。B：ゲームによってとってもおもしろかった。C：プロポーズの言葉。D：自分のイメージというものがとなんとなくわかった所。E：無記入。F：無記入。G：プロポーズ（？）の言葉を頭をかかえて考えてくれたこと。H：イメージ鬼ごっこで，各々のイメージがつかめたこと。I：無記入。J：無記入。K：楽しかった。L：自分のイメージが他からみてどういう風であるか再認できたこと。M：物にたとえられた時，目指してきた物，なりたい感じに近いのでうれしかった。

　不満足，心残り，気がかり──A：あと1セッションしかないのですが，何かもの足りないように思う。B：無記入。C：無記入。D：無記入。E：無記入。F：無記入。G：これで良かった。H：なし。I：無記入。J：無記入。K：無記入。L：無記入。M：無記入。

■第11セッション（3日目の午後II）：「ラスト・チャンス」
　〔動き〕　ファシリテーターが，「ラスト・チャンス」（全員が1人8分間くらいの時間をもち，その時間はその人が何かを話してもよいし，他の人からのフィードバックを求めてもよいし，要するに自由に使ってよいということにする）を提案し，グループに受け入れられる。ファシリテーターの左隣のAさんから順々に一回りする。そのなかで，1番目のAさんは，「もっと他の人の話を聞きたかった」と述べる。ファシリテーターはAさんに，「話す前によく聞くことが大切」と語る。3番目のLさんは，「私は『自然に……』ということが好きだ」と述べ，今回のような（ある意味では人口的な）研修には批判的である。ファシリテーターは，「Lさんには，人間への強い不信感を感じる」とフィードバックする。5番目のJさんは，「この3日間はこわかった」と述べて泣く。フ

ァシリテーターは,「Jさんはクラスなりこのグループで scape goat になっているような印象を持った」と述べる。これに対して,しばらくしてKさんが,「scape goat なんてことはありません！」と怒ったような声で反論する。12番目のMさんは,「Jさんに対して9セッションでは批判的になったが,あれはものすごくいやだった」,「今の自分は最高にイヤ！」と語る。全体的に,今回の研修については物足りないとの感想を述べる人が多い。

　最後にファシリテーターが全体をふり返り,「今回のグループは,みんなのいろいろな気持ちの合力でこのような形で進んできたし,とにかく自分達にできることをやってきたと思う」と語り,終りとなる。

　〔ファシリテーターの感想〕　魅力度4.5　　negative な発言をする人には反論をし,目立たない人には suppout をする。気がかりなこととは,JさんとMさんのことが一寸心配。疲れた。

　〔メンバーの感想〕　魅力度5.15(1.39)　　満足した点——A：1つ欠点を指摘されたこと。B：自分の思っていることが言えた。みんな誰もが言え,その内容がわかった。C：自分をみつめなおす対策となった。D：みんな本音に近い部分を言った点。E：感受性訓練の意味が分かった。……それなりにヨカッタ。F：みんなが自分なりに自分のことを深く考えているし,又,他の人の事も考えてあげているということを知って。G：自分が思っている事,感想は言えたところ。H：人から自分のことを言ってもらったこと。I：無記入。J：無記入。K：無記入。L：自分の心の根底にあったひとつのものを見つけ出せたこと。M：無記入。

　不満足,心残り,気がかり——A：これでよかったのかなと思う。B：無記入。C：まだはっきりと自分をみつめなおしていない。思っていることの半分も言えなかった。D：無記入。E：本音を言ったことで,必要以上にへんに気を使われるのはいやだな……。F：無記入。G：別にありません。H：無記入。I：無記入。J：人とわだかまりなく話せるかどうか不安です。K：自分たちらしさが消えたこと。L：無記入。M：Jさんについて言わなければよかった。

4．参加後の感想

　「参加者カード」のグループへの満足度についての7段階評定の結果は、〈非常に満足〉が2名（B，G），〈かなり満足〉が1名（L），〈どちらかといえば満足〉が5名（C，D，E，F，K），〈どちらかといえば満足〉と〈どちらともいえない〉の中間が1名（I），〈どちらともいえない〉が1名（A），〈どちらかといえば不満〉が1名（J），〈非常に不満〉が1名（M），無記入が1名（H）である。平均点＝4.79，標準偏差＝1.57

　記述欄から一部を抜すいすると，次のようである。

　Aさん――「自分が成長できたか不安である。むしろあまり変わっていないように思う。しかし，人を知る，人の話を聞くことの大切さ，沈黙のつらさなど学べたように思う。……人間ていろんな考え方をもっているなあと思った。」

　Bさん――「先輩から感受性訓練についてきいていたので，その先入観がものすごくあって少々不満である時があったが，私たちは私たちのグループで頑張り，みんなを知り，自己もみつめられたのではないだろうかということで，満足している。やはりやって良かったと思う。後輩には，何も訓練について言わないでおこうと思う。」

　Cさん――「人の考えを聞いていて，私の考えの乏しさと，表現力の乏しさを感じている。……3日間を無だにせず，もう一度自分自身をみつめなおしたい。又，人の新しい発見が多かったので，良かったと思う。」

　Dさん――「先生が言ったように，何事もしてみないと何も得られないし，自分が変われたとも言えないので，今自分の感じてる，思ってる自分の悪い所をなおすよう行動してみること!! が大切だと思った。……みんなそれぞれ悩んでいるんだなあ……と思って，おどろいたり，おかしかったり……とても楽しい3日間でした。」

　Eさん――「それぞれのことは結構わかったし，みんなの見方っていうのもわかったし，まあ楽しく，ヨカッタのではないかと思います。……明日からのことが，みんな変わらないようで，内心気がかりなような，それで口に出さないような……少し不安です。」

Fさん——「(ゲームの中で)他人が見ている私のイメージや，私がもっている他人へのイメージが明確にされ，他の人達の考え方が見えたように思います。……これからもっと自分をみつめていかないといけないし，同時に他の人もよく見てあげないといけないなあと感じさせられています。」

Gさん——「ファシリテーターが男性であったことに意味があったと思う。この会に出席して，自分をみつめ直す機会を得られたように思う。おだやかに終ることができたことを嬉しく思っている。」

Hさん——「あまり先入観はなかったので，ああこんなものかという感じでした。終ってみれば，よくやったという感じで，満足しています。この会で，人の知らないことや考え方等，いろいろ聞けて参考になりましたし，またその人を知ることもできました。自分のことについて，少々恐かったのですが，自分でも言えましたし，人からも少し助言を受けて，嬉しく思っています。」

Iさん——「皆のこれまで知らなかった面を知ることができたのはよかったと思います。皆いろいろ考えて，悩んでいるということがわかったし……。

自分はえらく人と違っているんじゃあないかという気もしましたが，自分の性格がきらいで，改善していきたいと思っているところは，共通している部分なのではないかと思ったりして……。

でも，自分はほんとにつまらない人間というか，なんでこんなんだろうと思います。……人が自分をどう思っているかについても，改めて知ることができたし，少しでもましな人になれるようになりたいです。」

Jさん——「この会のもち方としては，良い，悪いと決定する基準もないし，私達らしかったのかもしれないと思う。(この後6行にわたって何か書いてあるが，それを黒くぬりつぶしてあるので，内容は分からない)。しかし，人が話すことを聞いていて，すごく無難に話してるなあ……というのを感じた。しかし，無意味だったとは，決して思わない。」

Kさん——「満足したセッションと全く不満なセッションがあって，多数決でいえば満足した方が多かったようです。私たちなりにやったからよかったんじゃないかと思います。でも感受性訓練の目的は達せなかったようだし。これを企画した学校側の意図がみえみえで，おもしろくなかったのではないかと思います。ただ強いて言えば，日常の中の方がもっと感じることが多くて，わざ

わざこんなにたくさんの時間を費やして,『さあ感じましょう』というのは,無意味だということです。言いたいことを言えなくしたのは,この学校の所為のような気もします。」

　Lさん――「私はそれなりにこの研修会に満足できたように思う。私自身,非常に自分が傷つくことを怖れており,それで他の人と接するとき,とても用心深くなっていたようだ。そのことはうすうす気付いていたけれども,はっきりと意識にのぼらせることを,恐がっていたようだ。それを今日は冷静な気持ちで受けとめることができた。

　また,これまでの私は,感受性訓練ということで先入観を持ちすぎていたと思う。その為最初のころは,随分カラをつくってしまい,自分をみつめようとしていなかったが,後半に入り,積極的な意見は述べなかったが,自己の内側で素直に自分自身をひもといてみることができたようだ。」

　Mさん――「出なければよかったと思う。自分は本当にいやだけど,変わりたい像が浮ばない。この時期にこんな気持ちになったことは非常につらい。これが他の面に出なければいいと思う。又,そんな自分を人に見せたことがくやしい。ますますこのことにより人と壁を作ってしまうと思うし,そうしなければ,表だけの人とのつきあいもできそうにない。いまは,とても人とつきあいたくない!!。」

5. 考　　察

(1) グループ発達について

　この事例のグループ・プロセスは,一体どの程度まで発達しているのであろうか？結論を先に言えば,全セッションを丹念に見直してみて,どうも《導入段階》を脱し切れておらず,《展開段階》には入っていないように思われる。

　この事例のグループ発達について,村山・野島の発展段階仮説に基づいて詳しく述べるならば,第1～2セッションは,「段階Ⅰ:当惑・模索」にほぼ相当するように思われる。第3～9セッションは,基本的には「段階Ⅱ:グループの目的・同一性の模索」に相当するように思われる。ただ第9セッションのJ

さんへの批判的な感じが強い質問の場面は,一時的に「段階Ⅲ:否定的感情の表明」とみなせるようである。第10セッションは,特別な〈息抜きセッション〉である。第11セッションは,「終結段階(B.段階Ⅳまで展開しなかったグループ)」に相当するように思われる。

(2) 低展開グループのグループ開始前の要因について

このグループは,《導入段階》を脱し切れず,《展開段階》に入れぬままに終っていることから,「低展開グループ」ということになるが,それでは低展開グループの要因としてどのようなことが考えられるであろうか? 「グループ開始前の要因」について,考えてみよう。

①不信感がかなり強いクラス雰囲気 このクラスには,入学以来2人のドロップ・アウトを出し,かつ教務との関係が極めて negative であるという特別な事情があるが,このようなことは,日常生活でのクラスにおける学生相互間および教師と学生間の結びつき・信頼感がかなり不十分であることを示しているように思われる。そしてこのような状態は,グループ開始にあたってはかなりのハンディになったと考えられる。というのは,普通の stranger group では相互の関係がゼロの地点からスタートするのであるが,この family group では相互の関係がマイナスの地点からスタートするのであり,エンカウンター・グループにとってはきわめて大切な「相互信頼の発展」に至るまでがかなり大変だからである。

② negative なグループについての予備情報 メンバーはほとんど寮生であるため,1,2年生の時に先輩達がグループ経験をして部屋に帰ってきた時の状態を見たり,またグループについて聞かされたりしているが,そこでできたグループへのイメージが,きわめて negative である。毎年,negative なイメージをもつメンバーは存在するが,今回ほど強烈ではない。このように今回が特別にイメージが強いのは,前に述べたようなこのクラスの特別な状況のせいでもあろう。それにしても,あまりにも強烈な negative イメージは,特にグループの導入期においては大きな抵抗となる。

③グループへの低い参加意欲と期待 今回のグループへの参加意欲と期待は非常に低い。7段階評定の平均は,参加意欲が3.69(標準偏差=0.72),期待

が 3.46（標準偏差＝0.84）である。

　このように参加意欲と期待が相当低いのは，前に述べた 2 つの要因の影響でもあろう。それにしてもこれまでに低いということは，グループ展開にとっては，ダイナミックな動きが起こりにくいことになる。

　④**ファシリテーターの心身の悪コンディション**　今回のファシリテーターのコンディションは，非常に悪かった。まず，体調が悪かった。というのは夏から生じた腰痛がスッキリと完治しておらず，セッションの間ずっと座っていることができるかどうかちょっと心配があり，万一の場合を考えて，ピンチヒッターをあらかじめ準備したほどである。次に，心の準備ができなかった。というのは，どうしてもこのグループの開始前に仕上げなければならない急ぎの仕事があり，数日前から根をつめてその仕事をし，ようやく開始当日の午前 4 時頃にそれを仕上げ，その後数時間眠っただけで，グループに臨まなければならなかった。このようなファシリテーターの心身の状態では，グループの展開にとってはあまりいい facilitate ができないことになる。

（3）　ファシリテーションについて

　ファシリテーションについて，セッションごとに考察を行なう。

【導入段階】
▇第 1 セッション

　①ファシリテーターの導入の発言（「私はファシリテーターということになっているが，皆さんを積極的にどんどん引っ張っていくという意味でのリーダーではないし，また司会者でもない，この場で話すことについてはあらかじめ定められたテーマというものはない。話せることを話していこう。さあどうぞ」）は，やや簡単すぎるきらいがある。グループの安全・信頼の雰囲気の形成のためには，もっと丁寧な導入の発言が必要であろう。

　②メンバーから「どうやってこの場を進めたらよいのかわからない」との発言があったのに対し，ファシリテーターは無発言であるが，その時のファシリテーターの率直な自己表現をする方がメンバーは安心するように思われる。

　③ 20 分間の沈黙がちの状態が続いた時に，ファシリテーターはそれを破っ

て,「沈黙中に，ある人は何とかしなければと思っているようだし，ある人はこのままの状態でよいと思っているようだ」と語っているが，これはメンバーが発言を始めるいいきっかけになっている。

④ファシリテーターはメンバーの発言のたびに名前を聞き，覚えてしまっているが，相互の信頼感を高める上で，これはとても大切なことである。

⑤このグループでは結果的に全員が何らかの発言をしているが，そうすることはグループへのコミットメントを高めることになる。もし，言いそびれるような人がいたら，ファシリテーターは意識的に発言の機会をつくる必要があろう。

■第2セッション

①最初からの10分間の沈黙の後，ファシリテーターは「今の沈黙は，何かが生まれるための沈黙というよりは，死の沈黙という感じであり，これは意味がないように思う」と発言している。その後も30分間沈黙は続いているが，やがてあるメンバーが「沈黙は意味がない」と発言し，グループは動き始めている。ファシリテーターの沈黙を破る発言が，かなりのタイムラグはあるけれども，メンバーによる沈黙破りにつながっているように思われる。

②後半ではメンバーは研修への不信感，こわさ，不安を述べたり，ファシリテーターにヒントを求めたりしているが，これらに対してファシリテーターは明確化のための質問や確認を積極的に行なっている。そうすることで，メンバーは少し安心感をもてるようになっているように思われる。

■第3セッション

①グループの流れは，Aさんが自発的に1時間にわたり自分の生いたちを話したり，あるメンバーの提案で自分の大切なものを言い合ったり，深刻にならないような気楽な話題を出しあったりすることになる。ファシリテーターはそのようなグループの自動的な動きを尊重し，グループの流れを左右するような発言はしていない。このようなメンバー主導の流れの展開を尊重することは，メンバーの自発性が発揮されるようになっていくうえで，大切であるように思われる。

■第4セッション

①あるメンバーが「私に質問があったら聞いて」と切り出したのをきっかけに，しばらくあたりさわりがないようなやりとりが続く。それにのれないファシリテーターは，「どうしてこんな話をするのか？」「どうも自分の居心地が悪いので，話を中断させた」と発言し，それを中断させる。メンバーの自発的な流れを尊重することは大切であるが，ファシリテーターがのれない感じが強くする時には，それを表現することは，相互作用の活性化につながるように思われる。

②終わり頃にファシリテーターは，「この場には，どうも人のことを言ってはならないという暗黙のルールができているように感じる」と発言している。すると数人のメンバーは，「そのようなルールは，何もこの場で始まったことではなく，精神科実習の前から既にある」と語る。このような相互作用を深めることへの抵抗の存在をファシリテーターが感じたならば，それを言語化して指摘することはとても大切であるように思われる。

■第5セッション

①あるメンバーが，「第4セッションのファシリテーターの話で，同じ人に対しても他者からの評価は positive, negative 両方あると言われて，気が楽になった。それで，この場でお互いに言いあってもいいのではないかと思う。ある人は傷つけるようなことを言っても，他の人は違った見方をするだろうし」と発言する。これに対して，ほとんどの人は「こわいけどもやってみてもよい」と述べる。これは，第4セッションのファシリテーターのコメントが，相互作用を深めていく大きなきっかけになっていることを示している。このようにファシリテーターは時には，相互作用を深めていくことへの抵抗に対し，それを乗り越えるのに役立つようなコメントをすることが大切であるように思われる。

②グループの流れが，「お互いに言い合うことをやってみよう」ということになった時，あるメンバーだけはちょっとしぶる。それに対しファシリテーターは，少し明確化の質問と確認をしている。このように，大勢とは違う発言をする人に対しては，ファシリーは丁寧にその人の正直な気持ちをできるだけ表現してもらうことが大事である。大勢に反する発言をするということは，大変勇

気がいることでもあるし，ファシリテーターはそのような人を大切に扱う必要がある。

③終わりにあたって，このセッションで唯一無発言のメンバーにファシリテーターが声をかけている。無発言であっても，居心地よさそうにしていたり，表情が特に心配でなければ，そのままにしておいてもいいのであるが，ファシリテーターとしてはこのメンバーの様子がよくわからなかったので声をかけている。下手をすると導入段階で無発言の人は，グループの流れから脱落する恐れがあるので，このように声をかけることが必要であるように思われる。

■第6セッション

①あるメンバーの前セッションへの不満について，その人とグループの両方に問題があることをファシリテーターは伝えようとするが，どこまで伝わったかは不明である。ファシリテーターは何度も発言し，何とかしようとかなりの努力をしたが，いまいちスッキリしていない。このような結果になってしまったのは，ファシリテーターの力みすぎや，押しつけがましさのようなものも，一因になっているように思われる。

②途中からあるメンバーが，他のグループでやった『質問ゲーム』を提案している。これについてファシリテーターは，本道が進めないなら脇路をいう意味でのバイパス的なものであろうと考えて，それにのっている。グループがどうもうまく展開しない感じがする時には，このようなメンバーの自発的な試行錯誤的な提案をファシリテーターは尊重することが大事であるように思われる。

■第7セッション

①このセッションは前セッションの続きの『質問ゲーム』が行なわれる。ファシリテーターは，初めの方でのろうと努力し，次第にのってくる。時々質問したりフィードバックをしたりしている。ファシリテーターだけでなく，グループ全体ものってくる。このようにメンバーからの提案にファシリテーターが積極的にのっていくことは，メンバーがいきいきすること，グループを活性化することにつながるので，非常に大切なことであるように思われる。

■第8セッション

①このセッションはさらに『質問』が続けられていき，そのなかでファシリテーターも質問を受けることになる。そこでは，ファシリテーターはできるだけ率直に自己表現をしている。このことは，メンバーにとってはファシリテーターを身近に感じること，ファシリテーターへの信頼を増すこと，グループがいい雰囲気になることになっているように思われる。そのようなメンバーの気持ちは，ファシリテーターへのイメージ・フィードバックのお返しに表われていると言えよう。つまり，このやりとりを通して，グループの安全・信頼の雰囲気の形成に向けて大分進んだように思われる。

②ファシリテーターは，全メンバー1人1人への花あるいは色によるイメージ（ひまわり，バラ，すみれ等）のフィードバックを行なっている。通常は，このようなメンバーへのフィードバックは展開段階に入ってから行なわれるのであるが，このグループでは導入段階を脱し切れてはいないものの，既に第8セッションとなっていてファシリテーターにはイメージがふくらんでいたので，ここで行なっている。このことは，メンバーによっては自己理解につながることになっているようである。

■第9セッション

①『質問ゲーム』が，第7セッション，第8セッションと2セッションも続いてきており，第8セッションの終わりでファシリテーターは「質問ゲームというこのパターンが，やや疲れを感じさせるようにもなってきているか」との感想をもった。それで，（ゲームが長く続くことで，グループがマンネリ化したりダレたりすることをactivateすることをねらい）「グループに関わるメンバーの個人差を強く感じる……グループ発達という意味では，最近の世の中同様に低成長という気がする……『質問ゲーム』という形で進んでいることについては，バイパスという意味があるように思う」等発言している。このような発言は，マンネリやダレを問題にするのに役に立つように思われる。

②あるメンバーに対する『質問ゲーム』で，最初の質問からいきなり「あなたは人からいくら注意されても平気な顔をしているが，それについてどう思うか」といった発言が出るし，全般的に他のメンバーに比べてひときわ批判的な

感じである。ファシリテーターは、このメンバーについて「クラス、あるいはこのグループで scape goat か？」とは感じてはいるが、このような事態についてグループで話し合うところまでもっていけていない。ここは、ファシリテーターがもっと積極的に動き、スケープ・ゴート現象の解消を図る努力をしなければならなかったように思われる。

③メンバー相互の発言が消極的で少ないことから、ファシリテーターはかなり積極的に intensive に関わり、質問を入れたり、support をしている。しかし、これは結果的には、ファシリテーターがやや無理して引っ張ってしまっていることになっているように思われる。セッション後のメンバーの感想がいまいちいい反応ではないのは、このようなことのためでもあろう。このようにファシリテーターが積極的すぎることは、かえってメンバー同士の積極的な相互作用が生じるのを妨げることになるように思われる。

■第10セッション

①ファシリテーターは、メンバーが疲れたりダレたりしているように感じて、最初からグループがリラックスすることをねらい、『イメージ鬼ごっこ』を提案している。疲れた状態ではグループは安全感、信頼感はもちにくいし、リラックスすることが大事であるとファシリテーターが判断したからである。そうすることで、実際にグループは雰囲気が少し和んできたようである。

②『イメージ鬼ごっこ』でうまく当てることができなかったファシリテーターは、罰ゲームとしてメンバー1人1人に「プロポーズの言葉」を言わされることになる。ファシリテーターはかなり苦労するが、何とか全員にそれを言う。これはメンバーにとっては、ファシリテーターが自分のことを一生懸命に考えてくれているということ、ファシリテーターからかまわれているということになり、メンバーが気分よくなることにつながっているように思われる。またこれは、不満足な形で終結が近づいてきたグループでのおさまりの努力（「おみやげ」づくり？）にもなっているように思われる。

③ファシリテーターは、「このセッションは、リラックスしてエネルギーを高めるために、問題を『　』（カッコ）に入れてそのままにしていること」を気にしてしているが、問題をカッコに入れたままにしたのは、良かったように思わ

れる。残りのセッションがなくなってきたこの時点で，あせって問題を表面化させても，展開は難しいからである。低展開グループでは，ファシリテーターにとっては不満足感はあっても，無理をしないことが大事であるように思われる。

【終結段階】
■第11セッション
①最終セッションということもありファシリテーターは，「ラスト・チャンス」（全員が1人8分間くらいの時間をもち，その時間はその人が何かを話してもよいし，他の人からフィードバックを求めてもよいし，要するに自由に使ってよいということにする）の提案をしているが，これは良かったように思われる。低展開グループなので，内容的には不安や不満が結構出ているが，（それらを出さずにもち帰ると心理的損傷になる危険性があるので）そのような否定的な感情の表現は必要であるように思われる。メンバーは結構率直に自分の気持ちを語っているようである。

②ファシリテーターは，negativeな発言をするメンバーに反論をしているが，これはファシリテーターの正直な気持ちなので，これはこれで良いように思われる。今回はそのような反論は簡潔に行なわれており，メンバーを追いつめるような形になってはいないので良かったが，このような反論は下手するとファシリテーターの側の激しいaggressionをぶつける危険性があるので，くれぐれも注意をしなければならない。

③あるメンバーに対しファシリテーターは，「クラスなりこのグループでscape goatになっているような印象を受けた」と述べる。これをめぐり別のメンバーが，「scape goatなんてことはありません！」と怒ったような声で反論する。終わり頃に別のメンバーは，「（この人に対して）9セッションでは批判的になったが，あれはものすごくいやだった」と述べる。メンバーからこのような発言が出てくるということは，scape goat問題が未解消のためであると考えられる。しかし，この時点ではもはやこの問題は扱う時間がないので，（特に取り上げることをせず）そのままにしたが，それで良かったように思われる。不満足ではあっても，先にはとうてい進めないので，仕方ないことである。

第Ⅲ章　中展開グループにおける
　　　　ファシリテーションの事例研究

1．グループ構成

a．エンカウンター・グループの位置づけ　ここで報告するエンカウンター・グループは，1984年の2月上旬に，D高等看護学校の教育研修「体験学習（エンカウンター・グループ）」として，2年生全員を対象に行なわれた。パンフレットには目的として，「メンバーの相互作用により，自己を知り，他者を知る機会とする。」と記されている。

b．グループ編成　30名の参加者（2年生全員）は，2つのスモール・グループに分けられ，ファシリテーター（男性）が1名ずつついた。グループ分けは，第1セッション（組み分けセッション）のグロース・ゲームを用いてのウォーミングアップのなかで，無作為に2つに分けるという形で行なわれた。

ここで報告する（筆者がファシリテーターを行なった）グループのメンバーは，15名（全員グループは初体験）である。アイウエオ順にAさん～Oさんとする。年令は，19才が1名，20才が12名，21才が2名である。全員寮生である。（ファシリテーターは36才）。

（事前に教師から得られた情報による）特徴的なメンバーのプロフィールは次のとおりである。Eさん：おかしい行動があり，ボーダーラインの疑いがもたれている。感情の起伏が激しい。友達がいない。対人緊張が強い。看護実習で，指導者から看護婦に向かないといわれた。Gさん：顔（片目が小さい）へのコンプレックスをもっている。父がアル中。もろい。Iさん：物事の判断ができない。姉が思春期危機で精神科に入院したことがあるが，本人も姉に似ている。思いこみが強い。コンプレックスをもっている。1月からおちこんでいる。Jさん：いろいろなことへの気づきが少ない。Oさん：病気（精神科）休学のため他の人より1年の遅れ。記録ができない。人間関係ができない。自分

がわからない。精神科では,「社会性の遅れ」と言われている。

なお,この学年について教務の1人は,「前年はグループの後にいろいろとreactionが起こったが,今年は前年よりもさらに弱い人達の学年であり,何か問題が起こりそうである。」と語っている。また,この学年は入学時は31名であったが,途中で諸事情があり3名が休学している。現在30名となっているのは,入学年度が1年早い2名が原級留置となり編入されているためである。

c．スケジュール

①事前オリエンテーション

グループ経験の1週間前に「事前オリエンテーション」(1.5時間)が行なわれた。

②グループ経験のスケジュール

3日間のスケジュールは次のようであった。1日目は第1セッション(午前9時半〜12時),第2セッション(午後1時〜3時),第3セッション(午後3時半〜5時半),第4セッション(午後7時〜9時半)。2日目は第5セッション(午前9時〜12時),第6セッション(午後1時〜3時),第7セッション(午後3時半〜5時半),第8セッション(午後7時〜9時半)。3日目は第9セッション(午前9時〜12時),第10セッション(午後1時〜3時),第11セッション(午後3時半〜5時半)。合計11セッション(25.5時間)である。

d．場所

①事前オリエンテーションは,看護学校の教室で行なわれた。

②グループ経験の第1セッション(組み分けセッション)だけは看護学校の講堂であったが,それ以外はすべて「特別研究学習室」と呼ばれる看護学校から歩いてすぐの1戸建(3DK)の建物である。セッション・ルームは6畳の和室が用いられた。

宿泊場所は,学生は自分達の寮,ファシリテーターは近くの旅館である。

2．事前オリエンテーション

(筆者が行なった)事前オリエンテーションのねらいは,①グループへの誤

った先入観念を除く，②グループへの動機づけを高める，ということであった。その内容は次のとおりである。

　①（筆者の）自己紹介

　②西洋紙1/4の紙にエンカウンター・グループについてのイメージを書いてもらう。それを回収した後，全部を皆の前で読み上げる。

　ここで報告するグループのメンバーは，次のように書いている。A：お互いが心の内に思っていてもなかなか話せないことを，エンカウンターを機会として，話し合うということを聞いています。エンカウンターをしていく中で，自分の気持ちが相手に伝わるでしょうか。気まずくなったりしないかと不安です。B：お互いに相手について感じることをそれぞれ出しあい話しあっていく。短所を指摘し改善していく。C：グループの中で，個人個人の性格などについてこんなところをなおした方がいいということや，いいところなどを話す。D：グループでの話し合い。心を開いて話す。先輩方から聞いてないのでよく分かりません。E：お互いの性格について指摘し合って，良く言えば今後の人間成長，性格改善を行なうということであり，悪く言えば互いのあら捜しを行ない，人間不信・劣等感におち入るということだと思うのですが……どうでしょうか？　F：自分が考えていることを正直に話し合い，自分というものをまわりの人にみせること。そしてお互いに自分というものをみせあって，相手のことを理解し，向上していくこと。G：順番にお互いのいい所，悪い所を指摘しあい，自分というものを新しく発見すると同時により向上させる。H：グループになって，あるテーマをそれぞれの意見を言っていく，またはある1人の考え方，行動などについて第三者である人達が，その人に対していろいろ意見，その他を言う，そういうグループのことを言うのではないかと思う。I：お互いが相手の性格について話し合ったり討論し合い，良いところ悪いところを本人が自覚し，また気づき，よりよい自分に成長するためのグループ。今までより一層友達との輪を深めるための機会。J：何人かのグループに分かれて，1人1人について性格など話し合う。去年先輩に，エンカウンターが終って以来変な行動をとる人がいるということを聞いているので怖いです。K：エンカウンターというのが，何でまた何のためにするのか，そしてどういう風にするのか全く本当に何が何だかわかりません。L：初めて聞く言葉であり，内容につい

ても無知に近いので，あまりイメージ化できない。が，先輩からどういうものか聞いたところでは，お互いに"自分はどういう人間である"というのを言い合うように思った。でもやっぱり分からず，エンカウンターという言葉を聞いてもしっくりこない。M：全くわかりませんし，見当もつきません。N：よくわかりませんが，グループで日頃思っていること，感じていることなど，話し合っていくことだと思います。O：お互いの本音を出し合って，互いの性格を話し合い指摘し合うことによって新しい人間関係を築く。新しい自分自信の発見。

③看護学校が作成した「パンフレット」（目的，対象，期間，場所，ファシリテーター，スケジュール等が書かれている）と，「1984年度人間関係研究会ワークショップ・プログラム」（エンカウンター・グループの簡単な説明，28の各種プログラム等が載っている）を参考資料として配り，エンカウンター・グループの語義，歴史，方法，ファシリテーター，スタイル（形態），対象（適用領域）等について説明する。

④近くの人達6人でバズ・グループを作らせ，エンカウンター・グループへの感想，質問を話し合わせる。そして，話し合ったことを代表に皆の前で発表させ，それに対して筆者がレスポンスをする。

各バズ・グループからの発表の内容は，「何故やるのか？」，「効果はあるのか？」，「進め方は？」，「安全な場とは何か？」，「後遺症（心理的損傷）は？」等であった。

⑤最後にまとめとして，（筆者が学生のグループへの不安を感じたので）「不安を強くもたないでほしい」と述べる。また，「今日の説明は，食べたことのない食物の話をしたようなものなので，よくはわからないと思うが，とにかく自分で体験して味わってほしい」と語る。

3．参加前の気持ち

「参加者カード」のグループへの《参加意欲》についての7段階評定の結果は，〈かなりある〉が1名（O），〈どちらかといえばある〉が1名（B），〈どち

らともいえない〉が3名（F，I，J），〈どちらかといえばない〉が3名（C，E，G），〈あまりない〉が6名（A，D，H，K，M，N），〈まったくない〉が1名（L）である。平均点＝3.00，標準偏差＝1.32

　グループへの《期待》についての7段階評定の結果は，〈かなりある〉が1名（O），〈どちらかといえばある〉が3名（B，F，J），〈どちらともいえない〉が1名（I），〈どちらかといえばない〉が1名（A），〈あまりない〉が6名（C，D，H，K，M，N），〈まったくない〉が1名（L），無記入が2名（E，G）である。平均点＝2.92，標準偏差＝1.38

　記述欄には，参加動機について7名が，「学校の行事」（B，C，D，M，N），「学校のカリキュラム」（F），「学校の教育研修」（H）だからと述べている。

　また13名（A，B，C，D，E，F，H，I，J，L，M，N，O）が，その程度と内容は様々であるが，何らかの不安を表現している。なお，このうち5名（B，F，I，J，O）は不安と共に期待の気持ちも一緒に表現している。

　次に特徴的な個人を3名あげよう。《参加意欲》，《期待》が共に〈かなりある〉Oさんは，「自分を改めて知る事，また人間関係について学びたい。何か自分の中でいい方向へ変わる事を望む。エンカウンター・グループは，積極的にせず落伍したものは無視されていくとあったが，その事が少し不安だ。」と述べている。この2つが共に〈どちらともいえない〉Iさんは，「まったくどうなるのかわかりません。期待と不安が同じくらいです。」と述べている。この2つが共に〈まったくない〉Lさんは，「他人に指摘されることもこわいけれど，反対に自分が他人のことを言ったら，そのために気まずくなりそうで，もっとこわいと思う。」と述べている。

4．経　　過

　以下の記述中，魅力度は7段階評定（1～7，数値が高いほど魅力度は高い）の結果であり，メンバーのものは平均点（カッコ内は標準偏差）である。

■**第1セッション（1日目の午前）：組み分けセッション**

〔動き〕　このセッションでは，筆者とは別のファシリテーターのインストラクションで，次のようなエクササイズをやりつつ，ウォーミング・アップと組み分けが行なわれた。①目をあけて動きあいさつをする。②目をつぶって動き回り出会った人とあいさつをする。③ペアーになり背中合わせで話す。④ブラインド・ウォーク（一方が目をつぶり，他方がその人を誘導してあちこち連れ回る）。⑤じゃんけんをして負けた人は勝った人の後につくということを何回かくり返して，次第に長い「汽車ポッポ」をつくり，最終的には1つの円となる。⑥近くの人で5人一組となり，1人を他の4人で倒す。⑦5人一組を3つ一緒にして15人一グループとなり，トラスト・ゲーム（1人を円の真ん中に入れ，他の14人がゆっくりその人を揺らす）。⑧知恵の輪（1つのグループから2人を除き13人が手をつないで複雑な知恵の輪をつくり，もう1つのグループの2人に解かせる。これを2グループの競争で行なう）。⑨ゲット・イン（14人のスクラムの外に出された1人は何とかスクラムのなかに入ろうとトライする）。⑩ファシリテーターを含めた16人で30分間のミーティング。⑪全員によるグループ対抗のジャンケンで部屋を決める。

〔ファシリテーターの感想〕　**魅力度 5**　グループの雰囲気は，前半はやや固い感じであったが，後半は少しずつリラックスしてきている。自分としては，グループに加わってから，まだやや緊張がある。ミーティングでは，聞き役に回っている。メンバーは，思ったよりは明るそう。動いてくれそうな人が何人かいるようだ，気がかりは，やはり人数がやや多いか。

〔メンバーの感想〕　**魅力度 4.00(0.89)**　満足した点——A：無記入。B：体を動かして久し振りに大声でさわいだこと。C：おもしろかった。D：無記入。E：別にありません。F：さわげたこと。G：わからない。H：まだない。I：無記入。J：無記入。K：無記入。L：友達をおしたおすゲームをやった時には，はっきり言って心の中がすっきりして，子供の頃に帰ったようで楽しかった。M：楽しかった。N：いつもだったらあの暗い授業うけてるから，それがないだけでも楽しいです。よく動いたからいい運動にもなりました。O：自分の考えを出したこと。

不満足，心残り，気がかり——A：二階の部屋がとれなかったことが残念。

B：話し合いの時，いまいち話が盛り上がらなかったこと。C：2階にいきたかった。D：少し気を使いすぎるところがある。E：別にありません。F：特にありません。G：?? H：2階にいきたかった。話しが途絶えそう。I：無記入。J：クラスが2つに分かれそうな気がする。今後，本当に心を開いて話しができるだろうかと不安。K：無記入。L：このセッションでは，以前に持っていた不安はなかった。M：時々沈黙が続くこと。N：別にありません。O：今ひとつ主張が足りなかった。皆の考えも聞きたかった。

■**第2セッション（1日目の午後I）：「自己紹介とグループへの不安・期待」→「この頃考えていること①」**

〔動き〕　まずファシリテーターが，ここでは特に決められた話し合いのテーマはないこと，ファシリテーターはリーダーではないこと，をていねいに話して導入を行なう。しかし，すぐにはメンバーからの発言は出ない。

それでファシリテーターは，「自己紹介とグループへの期待・不安」の表現をすることを提案する。するとこれが受け入れられ，順々に（ファシリテーターを含めて）全員の発言が行なわれる。そのなかでは，「話すと傷つけるから話したくない」，「言われると傷つくから言われたくない」，「後で気まずくなると困る」，「前年のことが気になっていたが，今はもうそのことは忘れてここでやりたい」等が述べられる。それらに対して，ファシリテーターは質問をしたり明確化をしたり，自分の意見を述べたりする。しかし，これが一巡するとグループは沈黙がちとなる。

そこでファシリテーターは，「この頃考えていること」を話してみたらと提案する。するとこれも受け入れられ，順々に発言が行なわれる。そのなかでは，「この頃私はさめている」，「将来のことを考えている」，「何かおもしろいことないかなあ」等が述べられる。全員終わらず，途中まで回ったところで時間切れとなる。

〔ファシリテーターの感想〕　**魅力度5**　ファシリテーターは積極的にグループをリードしている。自己紹介ではかなり率直にいろいろなことを話したが，その後メンバーに質問を聞いても全く出なかったことが気がかり。しかし，とにかく全員が発言していることには満足。

〔メンバーの感想〕　魅力度 2.77(1.25)　　満足した点——A：無記入。B：無記入。C：みんなのまじめな一面をみた。D：無記入。E：別になし。F：特にありません。G：小6のことが言えてよかった。H：別になし。I：無記入。J：無記入。K：無記入。L：無記入。M：なし。N：特になし。O：他人の話がおもしろかった。

　不満足，心残り，気がかり——A：無記入。B：暗い。C：暗いとおもう。D：無記入。E：これからどんな風に話し合いが進むんでしょうか？　F：特にありません。G：言いたいことが言えなかった。H：2階が楽しそうでここは暗い。I：少しずつ気が楽になるようにも思えます。J：ずっとこのままかもしれないと思うと暗い。K：無記入。L：2階の明るさ。笑い声がうらやましい。何を言えば，いいのかよくわからない。M：これからどのように進展するのだろうか。N：もう少し活発にしていかないと暗くなってしまう。O：無記入。

■第3セッション（1日目の午後Ⅱ）：「この頃考えていること②」→ゲーム

〔動き〕　前セッションの続きで，この頃考えていることについて残りの人達が発言する。そのなかでは，将来のこと，自分の性格のこと，対人関係のこと等が述べられる。

　全員終わってから，メンバーの提案で数字当てゲームが行なわれることになる。しかし，ゲームは長くは続かない。それでファシリテーターが「イメージ鬼ごっこ」〔詳細は野島（1984b）を参照〕を提案し，時間までこれが行なわれる。

〔ファシリテーターの感想〕　魅力度5　　自分の発言は少ない。少しずつメンバーが内面を話していることに満足。しかし，これに対し他の何人かは抵抗がありそうに感じる。

〔メンバーの感想〕　魅力度 4.27(0.93)　　満足した点——A：クイズがとけたこと。B：無記入。C：無記入。D：なし。E：別になし。F：特にありません。G：楽しかった。H：まだない。I：無記入。J：最後のゲームが楽しかった。K：無記入。L：無記入。M：無記入。N：無記入。O：イメージゲームは自分を知る手がかりとなる。

不満足，心残り，気がかり——A：話が途切れてしまう。B：もう1つのグループが楽しそうだなって少し思います。C：部屋の空気が悪くて気分が悪くなりそうだ。D：お腹すいた。E：別になし。F：特にありません。G：特になし。H：みんなが楽しくのれなかったこと。I：無記入。J：ひとのことが気になって，自分の意見が言えないような気がする。K：2階の人がぎゃあぎゃあ騒いでいると何か気になってしまいます。L：無記入。M：無記入。N：無記入。O：「イメージ鬼ごっこ」で自分のもしてほしかった。

■**第4セッション（1日目の夜）：居心地が悪い→イタズラの話→こわい話**
〔動き〕　最初から沈黙がかなり続く。これを破ってファシリテーターが，「この場での居心地がどうも悪い」と発言する。そして数人のメンバーにどうかと聞く。すると「居心地が悪いし，何とかしたい」と述べる。Fさんはファシリテーターに「何をどのように話せばよいのか」と問う。ファシリテーターは，「話したいことを話したいように話したら」と答える。

　やがてBさんが，小学校，中学校，高校時代のイタズラの話を始める。すると他の数人も，高校時代のイタズラ，先生のドジ話をする。

　そのうち，お化けの話，金しばりのこと，火の玉の話，寮でのこわい話へと移る。

〔ファシリテーターの感想〕　魅力度4　　イタズラの話は，間接的なこの場への否定的感情の表現あるいはかつてのノビノビしていたことの回顧という意味があるのであろうと思いつつ聞いていた。こわい話も途中までは，ファシリテーターあるいはこの場への不安の表明という意味があるのであろうと思いつつ聞いていた。しかし，終わり頃はかなりきつくなった。このようなグループの進み方に満足できない人がいるのではないかということが気がかり。

〔メンバーの感想〕　魅力度4.67(0.60)　　満足した点——A：気分がやわらいできた。B：無記入。C：無記入。D：無記入。E：別になし。F：みんなが話すようになってよかった。G：？　H：だんだん楽しくなったことです。I：無記入。J：みんなの話がおもしろかった。K：無記入。L：しゃべりたいだけしゃべってすっきりした。いつもしゃべれなくて，あとで物足りなさを感じていた。M：特になし。N：無記入。O：無記入。

不満足,心残り,気がかり——A：無記入。B：こわい話はいやでーす。B：話がこわかったので,夜思い出してトイレに行けなくなりそうだ。D：楽しく終わったらいいですね。E：別になし。F：特にありません。G：？　H：怖い話を聞いたことです。I：無記入。J：無記入。K：無記入。L：こういう方法でいいのだろうか。M：夜トイレに行けそうもありません。N：無記入。O：無記入。

■第5セッション(2日目の午前)：ファシリテーターとメンバーが相互に印象を述べあう→Oさん→息抜き

〔動き〕　　メンバーから「ファシリテーターの各メンバーへの印象を聞きたい」との発言が出る。それでファシリテーターは,メンバー全員に対して1人,人それまでに感じたこと（Eさん—休火山,Iさん—温室の花,Mさん—台風の目等）を伝える。

それが終わってから,ファシリテーターは「みなさんの私への感想を聞きたい」と述べる。すると,「何を考えているのかわからない」,「受動的」等の発言がある。前者の発言に対してファシリテーターは,「何を考えているのか聞かれれば答えるのに……」とやや感情的に語る。

その後Oさんが,「私は最初このクラスに入りにくかった」,「私のことで悪いところを言って」と述べる。すると5,6人が発言をする。しかし,Oさんのことにひっかけて自分のことを語る人が多い。例えばJさんは,「私はみんなから浮いている。わたしは劣っている」と泣きながら語る。（そして数人からサポートされる）。

それが一段落したところでお茶が入り,後は雑談をしたりゲームをしたりとなる。

〔ファシリテーターの感想〕　魅力度5.5　　メンバーの印象は苦労しつつ一言ずつ述べた。やや感情的になったのは,グループへのファシリテーターのaggressionが出たのであろう。お茶が入ってからしばらくは休みとしてリラックスできたが,やがてのれなくなった。数人が少し前進して話をしてくれたことに満足。しかし,Oさんがもうひとつ不燃焼であろうことが気がかり。

〔メンバーの感想〕　魅力度4.93(0.57)　　満足した点——A：無記入。B：

無記入。C：心の中のことを話してくれていた。D：なし。E：別にありません。F：特にありません。G：？　H：無記入。I：無記入。J：みんながやさしくしてくれて嬉しい気持ち。K：無記入。L：無記入。M：無記入。N：無記入。O：無記入。

　不満足，心残り，気がかり──A：私が1人でそわそわしていた態度が，，皆に悪い影響を与えたのでしょうか。B：無記入。C：無記入。D：トランプをしたい。E：もっと活発に意見が出し合える雰囲気があったらいいですね。なんかムダに時間が進んでいるようでもったいないです。F：特にありません。G：？　H：感情的になったこと。I：何をしゃべってよいかわからない。J：（みんながやさしくしてくれて嬉しい気持ち）の半面怖い気がする。K：無記入。L：みんなにあやまりたいことがある。M：無記入。N：無記入。O：まだ本番でないような気がする。

■第6セッション（2日目の午後Ⅰ）：前セッションへのファシリテーターの感想→Eさん

　〔動き〕　まずファシリテーターが，前セッションの自分の気持ちの流れ（終わり頃にはのりにくかった）を述べる。

　やがてEさんが，「私は素直になりたい」，「自信がない」，「ストレスの解消法は？」，「私はすぐ緊張する」等語り，他の人に応答を求める。求められた人は，それぞれの考えや気持ちを表現する。ファシリテーターは，Eさんへの他の人の発言を促したり，自分が思っていることを話したりする。このようなことが約1時間半続くが，場は今一つ盛り上がらない。最後の方でJさんが，「とにかく発言することが大切だと思う」ととつとつと語る。終わりにEさんが，「次は理想人間像について話そう」と提案する。

　〔ファシリテーターの感想〕　魅力度4　最初の発言はしたくてする。放っておくとグループは流れそうな感じがしていた。自分はややまじめすぎるか。少し硬いか。とにかくEさんが発言してくれることは満足であるが，今一つ本人なりグループが盛り上がっていない感じがする。この本人とこのグループの状態ではこれがいいところか。

　〔メンバーの感想〕　魅力度 5.00(0.65)　　満足した点──A：無記入。B：

無記入。C：みんな同じなんだなと思った。D：なし。E：少しずつ皆で話し合う雰囲気が出てきたようですね。F：特にありません。G：???　H：無記入。I：無記入。J：ファシリテーターさんの言葉が嬉しかったです。K：無記入。L：無記入。M：無記入。N：無記入。O：無記入。

不満足，心残り，気がかり——A：無記入。B：無記入。C：部屋の中で1日中同じような話ばかりだときつい。D：なし。E：無記入。F：特にありません。G：???　H：無記入。I：無記入。J：まだ話に参加していない人がいて，すごく居心地が悪そうに見える。見ていてつらいので，早く話に加われるようになってほしいし，どうにかしたいと思う。K：自分の性格上人をうらやましく思うことが一番きらいで，2階の人が楽しそうにやっていると，なんかここが暗いのがとてもいやになってきます。L：無記入。M：無記入。N：無記入。O：無記入。

■第7セッション（2日目の午後Ⅱ）：「理想的人間像」→ファシリテーターのこと

〔動き〕　ファシリテーターが，前セッションのEさんの提案（「理想的人間像」を語る）をどうするかをグループに確認すると，やろうということになる。そして順番に全員が発言する。ファシリテーターは，「心と言葉と行ないが一致している人」，「父性と母性を共に兼ねそなえた人」等と述べる。

これが一段落してから，Oさんがファシリテーターに心理職のこと，大学院のこと等いろいろ聞く。ファシリテーターはそれらにていねいに答える。

〔ファシリテーターの感想〕　**魅力度6**　全員の理想が聞けたこと，多くの人が比較的率直に語っていることに満足。自分は思っていることを率直に語っている。ただ，Aさん，Kさん（眠っている），Lさん（お腹の具合が悪い）が，内面的なことに触れるのに抵抗ありそうなのが気がかり。

〔メンバーの感想〕　**魅力度 4.87(0.50)**　満足した点——A：無記入。B：無記入。C：無記入。D：無記入。E：別になし。F：明るい雰囲気になったと思う。G：???　H：無記入。I：無記入。J：いろんな人の考えが聞けて嬉しいです。K：無記入。L：無記入。M：無記入。N：無記入。O：心理学について少し聞けたので満足度は大きい。

不満足,心残り,気がかり──A:話題に乏しい。B:雰囲気が暗い。C:時々きつくなる。D:眠かった。E:別になし。F:無記入。G:???　H:無記入。I:無記入。J:とにかく全員で話したいです。K:暗い話の合間には面白いことがあった方がいいと思いました。L:無記入。M:無記入。N:少し内容を変えてみたいと思う。O:話題が限定してしまって皆に申し訳なかった。

■**第8セッション(2日目の夜):Bさんのファシリテーターへの抗議→Kさんの居心地→「看護婦志望動機」**

〔動き〕　ファシリテーターがBさんに,「あなたの表情をみると,何かうっ積しているようだが……」と話しかける。するとBさんは,「ファシリテーターは目標を持ってリードしてくれない」と抗議する。これに対しファシリテーターは,「運河をつくるのに,あらかじめ設計図をつくってそれに従ってつくる方法と,自然の水の流れのあとにつくる方法があると思うが,エンカウンター・グループは後者のようなものだと考えている」と述べる。これを聞きBさんは「わかった。私は誤解していた」と語り,表情も明るくなる。

その後Kさんに,Hさんが「何かある?」と聞いたり,ファシリテーターが「居心地が悪そうだが……」と述べたりする。これに対してKさんは,「居心地が悪いことはない」と答える。

やがてEさんが「看護婦の志望動機」をみんなで話したらと提案し,受け入れられる。全員が自分の動機を次々に語る。そのなかで,家庭のこと,経済的に貧しいことなどの話が出る。何人かは涙ぐみつつ話す。途中から,1人の話が終わるたびに拍手が起こるようになる。最後にファシリテーターも,今の仕事を選んだ動機,経過を家庭のことなどを交えながら語る。

※この後メンバーだけで別室で2次会をしている。

〔ファシリテーターの感想〕　魅力度7　全員が自分の気持ちを率直に話してくれたことに満足。メンバーの発言のなかで,Nさんの「男なんかに負けるか」,Mさんの「小学校の頃から結婚しないと決めている」との言葉が印象に残った。

〔メンバーの感想〕　魅力度5.93(0.57)　満足した点──A:皆のよいと

ころが分かった。B：みんなの本心が聞くことができた。C：みんな心がやさしい人ばかりだと分かった。D：こんなに自分のことを少しでも分かってもらってよかった。E：別にありません。F：だんだん緊張がほぐれてきている。G：なんかしらないけど満足です。H：みんなのしらないところをみて，とてもよかったです。I：グループみんな良い人ばかりで嬉しかった。J：みんな話せてよかったと思う。K：無記入。L：私の看護婦を選んだきっかけを聞いてもらってすっきりした。M：あらためて自分のこれまでの人生を見直すことができてよかった。N：看護学校にきてよかった。O：自分の性格のいやなところがみえてきた。

不満足，心残り，気がかり——A：無記入。B：無記入。C：無記入。D：なし。E：別にありません。F：特にありません。G：特になし。H：無記入。I：無記入。J：明日はどうなるのかなあ？　K：無記入。L：無記入。M：無記入。N：無記入。O：無記入。

■第9セッション（3日目の午前）：「苦労したこと」→息ぬき→歌
〔動き〕　Mさんが，「苦労したこと」を話そうと言い，自分のこと（母がボケる病気になり苦労したこと）をしばらく語る。その後，3，4人がそれぞれの苦労について話す。これらの話を聞いてHさんは「みんなの話を聞いて，私は親に甘えていることを反省した」，Kさんは「みんなの話を聞き，自分はわがままだなと思い反省した」と述べる。その後次第に食物に苦労した話，最近の子どもが食物にぜいたくである話へと移る。

やがてお茶が入れられ，みかんやお菓子を食べながら，雑談的な話（好きな俳優の話等）になる。

そのうちEさんが司会者的にリードをして，各人に1つずつ好きな歌を挙げさせ，それをみんなで歌うようにする。ファシリテーターは「若者たち」を挙げる。

〔ファシリテーターの感想〕　魅力度5.5　　今回は特別に介入はせず，グループの流れに任せている。Aさんより「昨日のグループをどう思うか」と聞かれた時は，「みんな自分達でよく動いたと思う」と答える。ある程度リラックスできたことに満足。

〔メンバーの感想〕　魅力度 6.40(0.61)　満足した点——A：十分楽しめました。B：みんなで歌を歌ったこと。C：よかった。D：歌を歌うのが好きだから楽しかった。E：皆と和気あいあいとできて楽しかった。F：無記入。G：満足だらけです。H：みんなとのきずなが強くなったみたい。I：無記入。J：歌を楽しく歌えたこと。K：無記入。L：歌を歌ってストレスがなくなった。歌は大好きです。M：とても楽しかった。N：無記入。O：歌はやはりいいなあと思う。なごやかになった。

不満足，心残り，気がかり——A：無記入。B：もっと時間があったらいろいろ歌がうたえたのに……。C：無記入。D：なし。E：無記入。F：無記入。G：ないです。H：ありません。I：ありません。J：自分が歌がヘタクソになって悲しかった。K：無記入。L：無記入。M：ありません。N：無記入。O：無記入。

■第10セッション（3日目の午後Ⅰ）：「入学時と今の印象①」
〔動き〕　ファシリテーターが部屋に入る前にメンバーだけで「入学時と今の印象」を言おうと決めていたようで，ファシリテーターが座るとさっさとその話が始められる。各メンバーには次のようなことが他の人から述べられる。Aさん—センスがある。Kさん—根気がある。スローペースで牛みたい。Nさん—芯が強い，意地っ張り。Cさん—働きもののアリンコ，マラソン・ランナー。Hさん—情にもろい，甘えん坊，歯切れが悪い。Lさん—口，手，足，表情などによる表現力が豊か。

〔ファシリテーターの感想〕　魅力度 6　自分としては率直に感じたことを言っている。特にグループをリードするようなことはしていない。

〔メンバーの感想〕　魅力度 6.07(0.68)　満足した点——A：皆の自分に対する気持ちを聞いて嬉しくなった。B：お互いに思ったことを素直に出せるようになってきたこと。C：よかったんではないですか。D：なし。E：大分グループの中の仲間同志，思ったことが言い合えてきたのでは？　F：雰囲気がすごくよくていいと思う。G：思ったことが言えた。H：みんなに自分の姿を言ってもらい，分かっていてやっぱりそのままでいるなあと思った。しかし一面だけをみててもっと他のところもみてほしい。I：無記入。J：無記入。

K：無記入。L：無記入。M：無記入。N：無記入。O：無記入。

　不満足，心残り，気がかり——A：なし。B：無記入。C：無記入。D：なし。E：無記入。F：特になし。G：言えたけど気にしてるかなあと不安。H：やっぱり自分の悪い面を言われるとつらいですね。I：無記入。J：無記入。K：無記入。L：無記入。M：無記入。N：無記入。O：皆に対しての意見が歯に衣をかぶせているのかもしれない。

■第11セッション（3日目の午後II）：「入学時と今の印象②」→歌

〔動き〕　「入学時と今の印象」の続きが行なわれる。Eさん—今回のグループの進め役に大きな貢献をした。自信をもって欲しい。Oさん—感受性が豊か，もっと表現力を養ってほしい。Bさん—おしん。ファシリテーター—最初は警戒したが，今は安心感がある。Jさん—ほのぼのとした感じ。Dさん—平凡。Iさん—デリケート。Gさん—バイタリティのかたまり。Fさん—磨かれていないダイヤモンド。Mさん—看護の道一直線。このような印象を語るなかで，時々欠点についての指摘，謝罪の表現も行なわれる。

　最後はメンバーの提案で，3つの曲（もしも明日が，乾杯，若者たち）を歌って終了となる。なお，曲はメンバーであらかじめ選曲し，しかも歌詞を広用紙に書き，伴奏のためのカセットも用意している。

　※グループが終わって5分ほどして，メンバーは控室にいたファシリテーターのところにやってきて，バレンタインデーのチョコレート等のプレゼントをし，握手攻めにする。

〔ファシリテーターの感想〕　魅力度7　　自分としては率直に思っていることを表現。全員がかなり満足したと思う。

〔メンバーの感想〕　魅力度6.93(0.23)　　満足した点——A：十分お互いの気持ちが知れた。B：とても楽しいカウンセリングだったなって思います。自分に対するみんなの気持ちがわかった。C：みんなやさしいと分かった。みんな同じ人間だと思った。D：みんなが自分のことをどう思っているか聞けて，とても嬉しかった。E：無記入。F：みんなの考えを充分に聞けて嬉しい。G：ほんとに楽しかった。エンカウンターしてほんとによかった。H：全部です。I：無記入。J：全部。K：全てに満足です。L：自分がさみしい人間である

ことを知ってくれてる人がいてくれて嬉しかった。M：みんなの考え方が十分に聞けたこと。N：もうエンカウンターしてよかったと思います。100点満点です。O：無記入。

　不満足，心残り，気がかり――A：初日のエンカウンターの時間の使い方がもったいなかった。B：無記入。C：今度はクラスのみんなの気持ちも知りたい。D：なし。E：今日のエンカウンターで分かったこと，感じたことを本当に自分で受けとめられて，自分の成長の糧にできるかなと不安に思います。F：まったくありません。G：全然なし。H：もっと時間をとって話したかった。I：ありません。J：なし。K：無記入。L：素直になって人間が大好きになりたいです。自分のひねくれた性格がとてもいやです。M：ありません。N：無記入。O：言い残したことがある。

5．参加後の感想

　「参加者カード」のグループへの満足度についての7段階評定の結果は，〈非常に満足〉が6名（B，D，F，J，M，N），〈かなり満足〉が7名（A，E，G，H，I，K，O），〈どちらかといえば満足〉が2名（C，L）である。平均点＝6.27，標準偏差＝0.68

　記述欄から一部を抜すいすると次のようである。

　Aさん――「お互いの知らない面，例えばどうして看護婦をめざすのか，また今までの苦労や，今自分で考えていることなど知る事ができ，その人のかくされていた面を見ることができてよかったと思いました。そして皆が大好きになりました。」

　Bさん――「1日，2日と日がたつにつれ，少しずつみんなが自分の思うことを話すようになり，私も少しずつ楽しいな，参加してよかったなって思うようになりました。また先生に対しての誤解もとけよかったです。……3日目でやっとみんなが1つになれたな，という気がします。」

　Cさん――「最初は絶対話とかしないと思っていたけど，みんなだんだんと自分の気持ちとか話し出したので，話すことができた。みんな同じなんだなあ

と，人の話を聞いていて安心した」

　Dさん――「少しでも自分を出せた事を嬉しく思います。……あのグループの中では，ホント素直になれた様です。お互いを少しでもみつめ直すよい機会だったと思います。野島先生のあのやさしい目がとても印象的でした。」

　Eさん――「お互いの夢，人生観についていろいろと語りあえて，普段仲の良い友達同志としか話したことのない事を本当遇然できたグループ内で話し合い，『ああ，あの人はこんなことを考えていたのか』とか『あの人は，こんな風なイメージもっていたけれど，本当はこんな人だったのか』とか，お互いの『再発見』ができたように思います。また私の場合，『他人から見て，自分はどのように見えるか』が分かって，自分の至らなかった点などを反省する十分な材料が得られたと思います」

　Fさん――「やってよかったと思います。グループが終わって，すごく明るくなりました。グループが終わって3日しか経っていませんが，自分の気持ちに変化があったことがよく分かります。時には，あんなにまじめに考えることが大切なんだなと思いました。」

　Gさん――「楽しかったです。想像とは全く違ってました。変な先入観があったのが，時間の無駄使いという結果で，最初の方がもったいなかったです。1歩みんなに近づいた感じです。」

　Hさん――「みんな大変なんだなあと思った。私なんてあまりいやな思い出なんてなく，なんにもなく成長しました。なんか自分が甘えていたことが分かりました。わがままのところもなおさなくてはいけないと思います。親も大切にしなければいけないと思います。家族のありがたさをも感じました。それから，自分の悪いところよいところ指摘され，やっぱり言われたりしたらショックですが，どれもあたっているので素直にとり入れていきたいと思います。」

　Iさん――「はじめのうちは先輩の話などを聞いていたので，エンカウンターはいやだと思い，ファシリテーターさんに対して強い警戒心を抱いていましたが，段々セッションが進むにつれてエンカウンターのすばらしさを感じました。」

　Jさん――「最近すごく自分が嫌いになって悩んでばかりいて，自分の性格をどうにかしなければと思いながら，どうしてよいのか分からず憂うつな気持

ちでした。先生やみんなが私について言って下さったおかげで，何か肩の荷がおりた感じがして，急に気が楽になりました。本当に不思議な気持ちです。……エンカウンターがあったおかげで，みんなが大好きになりました。よい友達をたくさんもって，自分は幸せだなあとつくづく思います。」

　Kさん——「みんなの話を聞いていて，またその話を一生懸命うなずきながら聞いて下さるファシリテーターの先生をみていると，なにか安心して自然と自分から話さずにはいられないような感じで，だんだんみんなの話にもとけこんでいけました。エンカウンターを終えて，今まで意地っ張りだった自分がとても素直になれたようです。」

　Lさん——「みんなわりとすんなり自分の思ったことを言っていたのでよかったと思う。あたしは何だか物足らなくって，あんまり本当の自分というものを言えなかったように思った。けど，本当のあたしをちょっとだけでも分かってくれる人がいて嬉しかった。」

　Mさん——「本当に偶然にできたグループで，これまで特に親しいつき合いをしたことのないクラスメイトもいる中，それぞれの考えている事，悩んでいる事，どんなに身近に感じられたことでしょうか……。最後の日，皆がいかに自分のことを見てくれていたかが分かり，とてもありがたいと思いました。自分自身が改めなければならない部分が再認識でき，これからあらたな気持ちで生活していけそうです。……皆の意見を１つ１つ受け入れて下さったファシリテーターの先生の温かさが忘れられません。……皆の事が，今まで以上に大好きになりました。」

　Nさん——「いろいろな意見が出て，１人１人話しているうちに，皆のことで新しい一面も見ることができたので本当に良かったと思います。特に小さい頃の夢の話なんか最高でした。お互いの性格について話すってすごく抵抗感じてたけど３日目に話してみて皆が分かり自分が分かったような気がします。クラスの友達が私のことどんなふうに見ているのか心配でしたし，またすごく興味がありました。しかし自分の欠点などを言われると，"ああよく見てるなあ"という感じで，これから自分の生活にもっとけじめをつけていかないといけない！　と思いました。そして，何だかみんながすごく好きになってしまいました。」

Oさん——「他の人のいい所が分かってきて、少し深く知る事ができ、親しみが持てるようになった。終わった後はすっきりとしたが、自分は何を言ったのだろう、言わなければ良かったと思うところもある。これからの日常生活をしていく上で、何かしらプラスになったと思う。しかし、もう少し素直に自分が出せる様になりたい。共感的な人間関係を学ぶいい機会であったが、自分がどこまで学びとる事ができたかというとまだまだのような気がします。」

6．考　　察

（1）　グループ発達について

　この事例のグループ・プロセスは、一体どの程度まで発達しているのであろうか。セッションごとに丹念に検討してみよう。

　第1セッションは、特別な組み分けセッションであり、第2セッションが実質的な第1セッションである。

　第2セッション～第4セッションの途中は、村山・野島の発展段階仮説では、「段階Ⅰ：当惑・模索」に相当するように思われる。第4セッションの途中～第7セッションは、「段階Ⅱ：グループの目的・同一性の模索」とみてよいであろう。第8セッションの初めの方は、「段階Ⅲ：否定的感情の表明」であろう。

　第8セッションの途中～第9セッションの途中は、「段階Ⅳ：相互信頼の発展」とみなせるであろう。第9セッションの後半は、「段階Ⅴ：親密感の確立」であろう。第10セッション～第11セッションの途中は、「段階Ⅵ：深い相互関係と自己直面」とみてよいであろう。第11セッションの途中から「終結段階」（A．段階Ⅳ以上に展開したグループ）とみてよかろう。

　このようなことから、第1セッション～第8セッションの途中は、《導入段階》、第8セッションの途中～第11セッションの途中は、《展開段階》、第11セッションの終わり頃は、（歌による変則的な）《終結段階》と考えられる。

　以上のことから、この事例のグループ・プロセスの特徴を一口で言えば、「導入段階をようやく経過するも展開段階はやや不十分」ということになる。

（2） ファシリテーションについて

ファシリテーションについて，セッションごとに考察を行なう。

【導入段階】
▰第1セッション

①通常，第1セッションではそのグループ専属のファシリテーターが決まっていて，早速小グループがスタートするのであるが，今回は（変則的に）このセッションでウォーミング・アップと組み分けが行なわれている。筆者とは別のファシリテーターによって，身体接触を伴う各種エクササイズがなされている。そして15名のメンバーとファシリテーターの組み合わせが決まってから，30分間の話し合いが行なわれている。

グループの最初はメンバーはかなり緊張をしているし防衛的でもあるので，このようなエクササイズを通してリラックスできるようにすることは，安全・信頼の雰囲気をつくっていくうえでとても大切であるように思われる。メンバーのセッション後の感想には，リラックスしている様子を記述している人が見られる。

▰第2セッション

①まずファシリテーターが，ここでは特に決められた話し合いのテーマはないこと，ファシリテーターはリーダーではないこと，を丁寧に話して導入を行なっている。エンカウンター・グループに初参加のメンバーばかりのグループでは，この導入をできるだけ丁寧に行なうことが，不必要な不安を軽減させるのにとても大切であるように思われる。

②ファシリテーターによる導入の発言の後，メンバーからの自発的な発言が出ないので，ファシリテーターは，「自己紹介とグループへの期待・不安の表現」をすることを提案している。そして実際にそれが行なわれ，メンバーの不安な気持ちが表現されている。

導入段階のごく初期では，ファシリテーターとメンバーはお互いに顔と名前を全く知らないので，少しでも信頼感，安全感をもてるようにするためには，自己紹介をすることは自然であるし，大事であるように思われる。また自己紹

介は，ファシリテーターがメンバーの名前を覚えるいい機会にもなる。

自己紹介だけでもそれはそれでいいのであるが，できれば同時にグループへの期待・不安も語ってもらえれば，相互にこのグループへの取り組みの気持ちをわかり合うことになり，グループでの居心地が良くなることにつながる。

③自己紹介とグループへの期待・不安の表現が一巡してから，グループが沈黙がちになった時に，ファシリテーターは「この頃考えていること」を話してみたらと提案し，受け入れられている。この場面では，ファシリテーターは積極的にグループをリードしている。しかし，ここはメンバーの自発的な動きをファシリテーターは待った方が良かったのでなかろうかと考えらえる。メンバーはファシリテーターに引きずられて話してはいるものの，いまいちパワーがない感じである。どうもファシリテーターが焦って積極的すぎたのが，裏目に出ているように思われる。

■第3セッション

①前セッションの続きの「この頃考えていること」が一段落した後，メンバーが自発的に数字当てゲームを提案し，ファシリテーターはこれにのっている。このようなメンバーの自発的な流れの提案を尊重したのは，良かったように思われる。この場面は，「この頃考えていること」で息切れ気味のグループが，遊びによって一息入れようとしているようである。

②しかし，数字当てゲームは長くは続かない。つまり，遊びが途切れそうになる。それでファシリテーターが『イメージ鬼ごっこ』を提案し，受け入れられる。これをしたことは，メンバーにとっては，遊びを継続させること，リラックスできるようにすることにつながっているように思われる。

■第4セッション

①最初からの長い沈黙を破り，ファシリテーターは「この場での居心地がどうも悪い」と述べ，数人のメンバーにどうかと聞いている。長い沈黙が続く時は，このように自分の気持ちを率直に述べることは，沈黙を破ることにもなるし，メンバーの気持ちが表現されるきっかけをつくることにもなり，グループが動き始めることにつながるように思われる。

②あるメンバーがファシリテーターに，「何をどのように話せばよいのか」と問うた時に，ファシリテーターは「話したいことを話したいように話したら」と答えている。このメンバーの質問はファシリテーターへの依存であるが，ファシリテーターは第2セッションの導入の発言をくり返すような応答をしている。このような依存的な場面では，この他にもいろいろな応答が考えられるが，今回のような応答はとても基本的な応答であると考えられる。

③やがてグループではあるメンバー小・中・高時代のイタズラの話を始めたり，こわい話（お化け，金縛り等）をするようになる。これについてファシリテーターは，イタズラの話は，間接的なこの場への否定的感情の表現あるいはかつてのノビノビしていたことの回顧という意味があるのであろうかと思いつつ聞いている。こわい話もファシリテーターあるいはこの場への不安の表明という意味があるのであろうと思いつつ聞いている。

このように，雑談的な話が出る時には，それらは個人状況やグループ状況を反映しているかもしれないと思いつつ，連想しながら聞くことは，大事であるように思われる。つまり雑談的な話を，グループへの信頼感，安全感の様子を推し測るひとつの手がかりとして考えるのである。

■第5セッション
①メンバーから自発的に「ファシリテーターの各メンバーへの印象を聞きたい」との発言が出て，ファシリテーターはそれに応じている。これは，メンバー主導の流れの展開の尊重になっている。それとともに，ファシリテーターの自己表現にもなっている。ファシリテーターがメンバー全員に対して1人1人それまでの感じたことを語ったことで，メンバーとしてはファシリテーターが自分をどう思っているかがわかり，安心できることにつながったように思われる。また，率直に語ってくれる人ということがわかり，ファシリテーターに対する信頼感も増したように思われる。

②それが終わってから，逆に今度はファシリテーターから「みなさんのファシリテーターへの感想を聞きたい」と切り出し，メンバーからのフィードバックを聞いている。メンバーからは「何を考えているのかわからない」「受動的」等の発言があるが，これはメンバーがグループに対し，信頼感や安全感をどの

ように抱いているかを知るいい目安になる。これらの発言からは，メンバーはグループへの安全感，信頼感がいまいちもてていないということが窺える。

③その後あるメンバーが「私は最初このクラスに入りにくかった」「私のことで悪いところを言って」と積極的に自己開示的な相互作用を求める。ファシリテーターはメンバー同士の相互作用をしばらく見守る。すると，このメンバーをめぐるやりとりでは，そのメンバーのことにひっかけて自分自身のことを語る人が多い。当のメンバーが求めていることとは少し違っている。このことをファシリテーターは気がついているが，あえてそれを指摘してはいない。

このように自己開示的な発言が出始めてからしばらくの間は，相互作用は多少ズレていても，先ずは各人が自己開示的になることの方を優先させて，ズレの方の指摘は控える方がよいように思われる。ズレの方に焦点をあてると，せっかく自己開示的になろうとしているメンバーの気持ちに水を差すことになりかねない。

④あるメンバーのことが一段落したところで，お茶が入り，後は雑談をしたりゲームをしたりとなる。このような流れにはファシリテーターものっていっている。これは，メンバー主導の流れを尊重することになるとともに，多くのメンバーにとってはリラックスできるようにすることになっているように思われる。

■第6セッション

①まずファシリテーターが，前セッションの自分の正直な気持ち（終わり頃にはのりにくかった）を率直に表現している。このようにファシリテーターが思ったこと・感じたことをできるだけ率直に話してみることは，とても大事なことであるように思われる。このような率直な発言が，以後あるメンバーが安心して「私は素直になりたい」等の発言ができることにつながっているように思われる。

②あるメンバーが他の人からの応答を求めたことから，このメンバーにスポットライトがあてられて約1時間半やりとりが続けられる。ファシリテーターは，そのメンバーへの他の人の発言を促したり，自分が思っていることを話したりする。しかし，場はいまいち盛り上がらない。

6. 考　察

これは，そのメンバー自身も他のメンバーも，無理してスポットライトをあてようとしているところから，生じていると考えられる。グループはもう少しリラックスすることが必要であるように思われる。リラックスしてエネルギーを貯えないと，グループにはパワーが出てこないようである。

■第7セッション

①前セッションの終わりにあるメンバーが，「次は理想的人間像について話そう」と提案していたので，ファシリテーターがグループにどうするかを確認すると，やろうということになる。そして順番に全員が発言する。このことは，メンバー主導の流れの尊重になっている。また，テーマはやや抽象的ではあるが，それについて話すことによって，それぞれの人のその人らしさが，相互にわかることになり，さらに深く話し合っていくためのウォーミングアップにもなっているように思われる。そして相互に知り合うところが増えてくるにつれて，安全感，信頼感も次第に高まってきているように思われる。

②それが一段落してから，あるメンバーがファシリテーターにいろいろ詳しく聞き，ファシリテーターはそれらに丁寧に答える。メンバーからのファシリテーターへの質問に率直に答えることは，メンバーにとってはファシリテーターから大切に扱われているということにもなるし，ファシリテーターのことを理解することにもつながる。このようなことは，グループへの安全感，信頼感を高めることに役に立つように思われる。

■第8セッション（の途中まで）

①ファシリテーターがあるメンバーに，「あなたの表情をみると，何かうっ積しているようだが……」と話しかける。するとそのメンバーは，「ファシリテーターは目標を持ってリードしてくれない」と抗議する。これに対しファシリテーターは，「運河をつくるのに，あらかじめ設計図をつくってそれに従ってつくる方法と，自然の水の流れのあとにつくる方法があると思うが，エンカウンター・グループは後者のようなものだと考えている」と述べる。これを聞きそのメンバーは，「わかった。私は誤解していた」と語り，表情も明るくなる。

この場面では，ファシリテーターが感じていることを率直に自己表現したこ

とがいいきっかけになっている。

　またこのメンバーは，ファシリテーターへの依存をめぐる不満を表明しているが，ファシリテーターはその時心に思いついたたとえを話している。その話がそのメンバーにはとてもピッタリしたようで，大きなわだかまりが氷解することになっている。このように，思いついたたとえを率直に表現してみることは，有効であるように思われる。

【展開段階】
■第8セッション（の途中より）
　②その後あるメンバーに他のメンバーが焦点をあてた折に，ファシリテーターは（この人のことが前セッションから気になっていたので）「居心地が悪そうだが……」と率直に聞く。するとこの人は「居心地が悪いことはない」と答える。このように，ファシリテーターが気になっていることは，機会があったら表現してみることは大事であるように思われる。

　③やがてあるメンバーの提案で「看護婦の志望動機」をみんなで話し合うことになる。メンバーはかなり率直に自己開示をする。ファシリテーターも，今の仕事を選んだ動機，経過を自発的に自己開示的に率直に語る。（ようやく展開段階に入った）この時点では，もはやファシリテーターはほとんどメンバー化していると言ってよいであろう。

■第9セッション
　①あるメンバーの提案で，苦労した話をすることになり，数人が率直に自己開示を行なう。そして深い相互作用が起こる。ファシリテーターは特にファシリテーターらしい発言をすることなく，ほぼメンバー化している。

　②そのうちあるメンバーが司会者的にリードして，各人に1つずつ好きな歌を挙げさせ，みんなで歌うようにする。ファシリテーターは，メンバーがこのようにしてこの場をリードして動かしていくことを尊重している。そして1メンバーとして，ある歌を挙げ，みんなで歌う。

　③あるメンバーから，「昨日のグループ（第8セッション）をどう思うか」と聞かれて，「みんな自分達でよく動いたと思う」と答える。これはファシリテー

ターの偽らざる実感である。このことは，メンバーのファシリテーター化が実現されたことをファシリテーターが認めている発言でもあると言えよう。

■第10セッション
　①ファシリテーターが部屋に入る前に，メンバーだけで「入学時と今の印象」を言おうと決めていたようで，ファシリテーターが座るとさっさとその話が始められる。そのなかでファシリテーターは，率直に感じたことを表現し，特にグループをリードするようなことはしない。
　メンバー自身が自発的に主導権を持ってグループをファシリテートしており，ファシリテーターはそれを尊重している。
　ファシリテーターは安心してメンバー化しておれる状態である。そして，ファシリテーターがこのような状態でおれることが，ますますメンバーが積極的にグループを自分達で進めていくことにつながっているように思われる。
　②「入学時と今の印象」では，ファシリテーターは今回のグループを通して感じたメンバーへの印象をフィードバックする。クラスメイトとはちょっと違った感受性のファシリテーターからのフィードバックは，それをもらうメンバーにとっては自己理解を深めるいいきっかけになっているように思われる。

■第11セッション（の途中まで）
　①前セッションの続きの「入学時と今の印象」が最後まで行なわれる。そのなかでファシリテーターは，それぞれのメンバーについて感じたことを率直にフィードバックする。やはり，これらはメンバーの自己理解を援助することに役立っているように思われる。

【終結段階】
■第11セッション（の途中より）
　②最後はメンバーの提案で，3つの曲を歌うことになる。メンバーは，あらかじめ選曲をして，しかも歌詞を広用紙に書き，伴奏のためのカセットも用意している。
　ファシリテーターは，メンバーのこのような自発的な展開を尊重し，それに

のっていっている。これらの一種のエンディング・セレモニー的動きは，グループ終了に伴なう分離不安の処理や，グループ体験から現実生活への移行等といった意味がありそうだと思いつつ，ファシリテーターはその流れに身を任せている。

　③筆者は通常はグループがうまく展開していてもいなくても，(1人ずつ数分間時間をとる)『ラスト・チャンス』を設定することが多いが，今回は（提案をする機会がなかったこともあり）それをしていない。しかし，今回はそれはそれで良かったのではと思われる。その理由は，「入学時と今の印象」が一種のラスト・チャンス的な役割を果たしたように考えられるからである。また，メンバーの様子を見回したところ，ファシリテーターは特にそうしなくても，終わっても大丈夫と判断したからである。

第Ⅳ章　非典型的な高展開グループにおけるファシリテーションの事例研究

1．グループ構成

a．エンカウンター・グループの位置づけ　ここで報告するエンカウンター・グループは，A高等看護学校において，3週間の精神科実習が終って1週間後の1980年10月の上旬に，特別教育「人間関係訓練（エンカウンター・グループ）」として，3年生を対象に行なわれた。パンフレットには目的として，「①自己や他者との真の出会いの体験をわかちあい，心理的成長をはかる。②対人関係の技術を習得する。」と記されている。

b．グループ編成　41名の参加者（3年生全員）は3つのスモール・グループに分けられ，ファシリテーター（男性）が1名ずつついた。グループ分けは，まず学生が自分達で1人1人についてA（外向的，積極的），B（内向的，おとなしい）とランクづけし，次に教務の先生がそれを見ながら3つグループが均一になるように分けるという形で行なわれた。ここで報告する（筆者がファシリテーターを行なった）グループのメンバーは14名（全員グループは初体験）である。最も外向的から内向的にかけて配列された順に，Aさん，Bさん，Cさん，Dさん，Eさん，Fさん，Gさん，Hさん，Iさん，Jさん，Kさん，Lさん，Mさん，Nさんとする。年令は20才が5人，21才が9人。（ファシリテーターは33才）。

なお，全体のためにオーガナイザー兼カウンセラーが1名（常駐はしなかったが）ついた。

c．スケジュール　3日間のスケジュールは次のようであった。1日目は第1セッション（午前10時～12時），第2セッション（午後1時～3時），第3セッション（午後3時半～5時半），第4セッション（午後7時～9時）。2日目は第5セッション（午前9時半～12時），第6セッション（午後1時～3

時)，第7セッション（午後3時半〜5時半），第8セッション（午後7時〜9時）。3日目は第9セッション（午前9時半〜12時），第10セッション（午後1時〜3時），第11セッション（午後3時半〜5時半）。合計11セッション（23時間）である。

　d．場所　　研修場所は看護学校内であった。セッションは教室（他のグループは図書室，実習室）で行なわれた。

　尚，この看護学校ではほとんどの学生が寮に入っている。一部の通学生もこの期間中は寮に泊りこんだ人が多かったようである。ファシリテーターは，夜は自宅に帰った。

2．参加前の気持ち

　「参加者カード」のグループへの《参加意欲》についての7段階評定の結果は，〈どちらかといえばある〉が6名（B，E，F，G，H，I），〈どちらともいえない〉が6名（A，C，D，K，L，M），〈どちらかといえばない〉が2名（J，N）である。平均点＝4.29，標準偏差＝0.70

　グループへの《期待》についての7段階評定の結果は，〈かなりある〉が1名（G），〈どちらかといえばある〉が9名（A，B，C，D，E，F，H，I，M），〈どちらともいえない〉が4名（J，K，L，N）である。平均点＝4.79，標準偏差＝0.56

　記述欄には，外向的とランクされた人達の多くは，グループへの期待と不安が入り混じっている気持ちを表現している。例えばCさんは，「今からいったい何があるのか，どんなことをするのかという不安はある。しかし，この会をもつことにより，今まで意識しなかった自分，気づかなかった自分を知ることが少しでもできたらよいと思います。みんなと楽しく話ができるとよいと思います。」と述べている。内向的とランクされている人達の多くはグループへの不安な気持ちを表現している。例えば，Kさんは，「具体的な内容が全然分からないので不安でいっぱいです。何がおこるのかわからないのでこわい様な気がします。」と述べている。

3. 経　過

　以下の記述中，魅力度は7段階評定（1～7，数値が高いほど魅力度は高い）の結果であり，メンバーのものは平均点（カッコ内は標準偏差）である。

■第1セッション（1日目の午前）：「私の4つの顔」

　〔動き〕　ファシリテーターが，グループを開始するにあたってのウォーミング・アップのために「私の4つの顔」というゲーム（渡辺・鈴木，1977参照）を提案し，グループに受け入れられる。このゲームは，B4版の白紙に図4のような枠，仕切および符号を記入させる。Ⅰのコーナーには，「1．一番好きな音楽の曲名，2．自分の手を使ってすることのうち一番好きなこと，3．まとまった時間，休暇などにすることのうちで一番好きなこと」を書かせる。Ⅱのコーナーには，「1．今までの人生で，肉体的，精神的に『死』ということに一番近づいた場所，2．人生で今までに生きることの最高の喜びを感じた所，生きている充実感を味わった場所，3．今までに最高の愛または憎しみを感じた場所」を書かせる。Ⅲのコーナーには，「1．家族以外の人で自分の人生に一番大きい影響を与えた人を2名，2．知人のなかで常々対決したいと思っているが，どうしてもできない，ズバリと言いたいのだが言えない人，3．あの人からなら賞讃のことばが欲しい，あの人にはほめられたいという人」を書かせる。Ⅳのコーナーには，「『愛する』，『愛される』，『愛し愛される』という言葉に対しての選択順位」を書かせる。

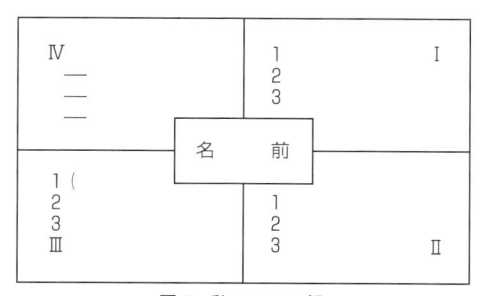

図5　私の4つの顔

ファシリテーターも黒板でやり方を説明しながら，自分のことをそこに記入する（ちなみに，このゲームはファシリテーターにとっては初めてである）。メンバーは西洋紙に各自記入する。ひと通り記入が終るのに約25分かかる。

その後1人6分間ずつ順々に時間をとり，それをもとに話をしたり，他の人からの質問を受けて答えたりする。そのなかで特徴的なことは，「私の4つの顔」で対決したい人として挙げられているのは，同級生が一番多い。しかし，一緒のグループの人はあまりいない。次いで，恋人，親，先生である。また話の内容としては，同級生のこと，高校時代のこと，家庭のこと，異性のこと等が多い。アイデンティティのことはあまり出ない。

気を引く言動としては，Jさんは，「寮で自殺を考えたことがある」と述べる。Cさんは，「小学校時代，家にとって自分が不要であるように感じ，包丁を一旦のど元につきつけたことがある」と語る。Lさんは，ガンで亡くなったおじさんの話をする時涙を流す。Fさんは，「道路で，このまま車の中に突っ込んだらどうなるだろうと思うことがある」と述べる。

〔ファシリテーターの感想〕 **魅力度5** 自分としては初めは足が地につかない感じでしゃべっていても迫力がなく，落ち着かぬ感じ。時々メンバーに質問をしている。全員が，ある程度以上率直に「私の4つの顔」に書いていることに満足。

〔メンバーの感想〕 **魅力度5.14（0.35）** 満足した点――A：細かく問題を出されたことでとりくみやすい。B：知らなかったことを知ることができた。C：自分のことが人に話せた。D：皆と話し合えそうな気がした。E：みんなの知らない部分を見ることができた。F：自分の対決したい。話し合いたいという気持ちが言えただけでも満足。G：まだよくわからない。H：友達の今まで知らなかった一面を感じとれたこと。I：楽しく，みんなの知らなかったことを知ることができた。J：グループメンバーについて知らなかったことを少し知り得て，これからもっと理解しあえるのではないかと期待している。K：今まで知らなかった他の人の考えを少しだけ知ることができた。L：少しずつみんなのことが聞けた。M：今まで知らなかったみんなの体験を知ることができた。N：ウォーミング・アップとして十分だったんでは……。

不満足，心残り，気がかり――A：特になし。B：みんなのことが知りたい

反面, 自分のことを知られるというおそれがある。：C：もっと自分の考えとかを人に伝えたいし, 人の話（考え）もつっこんで聞いてみたい。D：まだ自分の心の中の整理ができておらず, 自分を出せていないこと。E：自分が感じたことを, グループの人に言えるか, わかってもらえるか, 本音を出せるか。F：もう少し他の人のことを聞きたい気もしたが, プライベートなことはさけたい。G：人の話を聞いてて, 自分のこういう所をもっと聞いてほしいというところを気づいた……それを言えなかったことがちょっと残念です。H：聞きたいこともあったのですが, プライベートなことかなあなどと思い遠慮したところもあります。I：もっと知りたかった。いろいろと感動した点などについて……。J：対決したい相手を言ってしまったことで, この先どうなるだろうかと気がかりである。K：私自身, 思い落としている事があるのでは。L：突然いろいろな質問をされて, 自分自身すぐには分からないところがあった。M：これからだなと感じる。N：まだ今からと思います。

■第2セッション（1日目の午後Ⅰ）：「人を愛するとは？」

〔動き〕　まずファシリテーターが前セッションのことについて発言を求めると, 2, 3人が positive な感想を述べる。その後ファシリテーターは, 「自分はリーダーではない。テーマは自由である」と話す。

するとGさんが, 前セッションの「愛する, 愛される, 愛し愛される」に関連して, 「人を愛するとは？」と切り出し, これをめぐってしばらく話し合われる。そのなかでBさんは, 「愛されたことがない人は, 愛せないのでは」と述べる。Dさんは, 「私は親から愛されているが, 患者さんをもう一つ愛せない」と語る。

そのうちEさんは, 「私はいい子ぶっている, 優等生ぶっている」と発言する。Gさんは, 「自分のなかで, もう一つカラを破れない」と言う。Aさんは, 「カラを破りたい」と述べてから, Fさんに対して, 「Fさんは本当は優等生なのに, そうでないようにしているみたい」と語る。これについてFさんは, 「私は能力がないからいい子ぶれない。言わずにたまってしまって爆発する」と発言する。

〔ファシリテーターの感想〕　魅力度5.5　　発言する時足が地についてきた。

Gさんの話以後をまとめる発言と，数回の質問をする。カラを破ろうとの声が出てきたことに満足。しかし，なかなか破れそうにないことに不満足。Lさんが無発言であることが気がかり。第1セッション同様にトイレに立つ人が多い。

〔メンバーの感想〕　魅力度 4.36 (0.72)　満足した点——A：無記入。B：無記入。C：無記入。D：少し話が具体化してきたこと。E：まだまだ満足していない。F：少し話が具体化した。G：他の人の体験にもとづく意見がきけた（その人の像と，その人の考え方のイメージが結びついてきて，自分に参考にできそう）。H：まだまだこれからだと思う。I：少しずつ話が具体化しつつある。J：なし。K：少しずつみんな本心を出してきているのでは？。L：無記入。M：自分の性格について考えることができる。N：あまりないが，少しわかってきた感じがする。

不満足，心残り，気がかり——A：皆が，ことばや内容を選んでしまっているようで，まだ本音が出せない。B：一度も発言していない人がいること。核心にふれようとしてふれていない。まだ自分をかくしていること。C：自分自身の性格的なことをみんなに指摘してもらおうか，そうした方が意義ある（自分自身には）。またみんなのことも深く一人一人考えてみたい。D：まだ緊張があって思いっきり話せないこと，自分の考えていることがまとまらないこと。E：話し方がぎこちなくて，本心をまだ言ってないように思う。F：自分自身がからをやぶれていないこと。G：自分自身のイヤな面をもう少し言葉で出せばよかったかな。H：やはりもっとみんなが思っていることを，この機会を生かして分かりたいし，私も自分が感じたことをもう少し言えたら……と思う。I：もっと言いたいこと，思うことがありそう。何も言わない人たちは，何か言ってほしい。J：このかたい雰囲気が和らかくならないものだろうか。K：まだまだみんな思っていることはたくさんあると思うが，言葉を考えていて言えてないと思う。L：無記入。M：自分が話せないこと，うまくしゃべれないことに劣等感を感じています。N：ざっくばらんに話したい。

■第3セッション（1日目の午後Ⅱ）：AさんとFさん（Bさん）→Gさん

〔動き〕　前セッションにひき続いてAさんとFさんの応答がしばらく続く。話を進めていくうちに，日頃は人からの忠告を受け入れないAさんが，7月の

Fさんからの忠告を受け入れていたことがわかり，Fさんは感動した様子を示し，2人の間の encounter が起こる。

その途中でBさんに対して他のメンバーから，「あなたの言うことはいつも正論ではあるが……」，「自己中心的」，「人の話を聞き入れない」等のフィードバックがなされる。

その後ファシリテーターがGさんに，「あなたはこのセッションの最初に『あまり話さない人の話を聞きたい』と発言したが，これは自分のことが深まることがイヤだったからでは？」と聞く形の介入を行ない，しばらくこの人に焦点があてられる。この質問についてはGさんはピンとこない様子である。そのうちGさんは，「私はすべての人に悪く思われたくない」等述べる。

〔ファシリテーターの感想〕　魅力度5.5　　自分はよく発言している。AさんとFさんのことを取り上げたり，Bさんに「傷ついて苦労することが必要」と述べたり，Gさんに介入したりで，相当介入（きっかけと展開の両方の面で）している。AさんとFさんの encounter に満足。Gさんの件が中途半端であることが気がかり。

〔メンバーの感想〕　魅力度5.83（0.37）　　満足した点――A：Fさんと思いを言いあえたこと，一歩踏みだせた気がする。B：自分の欠点が認識できたこと。C：お互いが言いあううちにわからない部分もみえてきた。その人に対しての見方が広がってきた。D：皆が段々思っていることを口にしはじめたこと。E：何人かですが，とり上げてその人のことを知ることができたし，自分も共感できたのでうれしく思う。F：対決したいと思っていた人の自分に対する気持ちをきけた。G：無記入。H：特になし。I：いろいろな人の気持ちをしれた。J：だんだん対人関係訓練の核心にふれてきている。K：他の人の本当の気持ちを少しずつ知ることができた。L：無記入。M：他の人の本当の考え，気持ちを知ることができる。N：やっと言えた。

不満足，心残り，気がかり――A：特になし。B：これからが大切だと思う。C：無記入。D：まだ自分から発言できない人がいる。性格もあると思うけど……。E：自分自身のことも，いつかは暴露しなくては……。F：まだまだ自分自身のからをやぶれていない。G：せっかく人が意見してくれること1つ1つに自分が対応して深められていない。H：特になし。I：自分について素直

にもっと言えるとよいと思う。J：もう少し意見がだせれば……考えがまとまれば……。K：他の人が自分の事をどの様に思っているのか知りたいけれど,こわい気がする。L：無記入。M：他の人のの性格などについて意見を交換するとき,その人との接触が少なかったときあまり言えない。N：言いたいときに言えるようになりたい。

■**第4セッション（1日目の夜）：Gさん→Nさん**

〔動き〕　Gさんの「自信がない」をめぐって50分間話し合うがもう一つ開けない。しかし長時間になるのでファシリテーターがいったん打切ることを提案し，グループに受け入れられる。その後AさんがNさん（通学生）に焦点をあてる。そのなかでNさんは，「どうせ人には自分をわかってもらえない」，「他者から『もっと聞いたら』等いろいろ言われる」等の発言をする。

〔ファシリテーターの感想〕　魅力度6　Gさんにはイメージがわいたので言えたが，Nさんにはわかず何も言えなかった。Gさんへのフィードバック（影がうすい，カメレオン的で周りに合わせてばかり等）が多いが，少しモタモタしている。メンバーが，かなり率直に言えるようになってきたことは満足。Gさんがもう一つ開けぬことが気がかりだが，これはGさん自身の自分のなさのせい？

〔メンバーの感想〕　魅力度5.79（0.77）　満足した点——A：Nさんとか,全く知らなかった部分も知ることができた。B：いろんな人の意見が聞けたこと。C：思っていることが言えた。D：知らない人の多くの面を知れた。E：段々みんな本音を出してきたこと。F：いままであまりよく知らなかった人の気持ちを聞くことができてよかった。G：自分の内面を，他人の印象を知れた。H：自分の動きというか発言などは少なかったけれど，友達の新たな一面を知ったことや，またメンバーの一人一人に関心をもって話に耳をかたむけ自分なりに考えたりできたことはよかったと思うが，やはり言おうかと思いながら発言しないことがある。I：この人のこんな点があったのかと知らなかった面,気付かされたりしてよかった。J：知らなかったメンバーの一面を知ることができた。共に考えようとする姿勢が皆にみられる。K：だんだんとみんなの本心が聞けたこと。L：少しずつ他の人の考えを知ることができた。M：あまり

よく知らなかった人のことが，聞いていてだんだんわかってきた。Ｎ：感激した，他人（ヒト）が自分のことを考えて，こんなに考えてくれることに……。

不満足，心残り，気がかり──Ａ：色々な人の意見が聞きたい，Ｂ：無記入，Ｃ：私のことについても意見がほしい，Ｄ：まだ今一つ深いところに入れていない，Ｅ：早く自分の番にならないかなあ，Ｆ：時間がはやくたって，時間が足りない感がある，Ｇ：無記入，Ｈ：特になし，Ｉ：もっと自由に言えたらいいなあ，Ｊ：あまり知らない人もいて，意見が出せないこと，Ｋ：無記入，Ｌ：自分自身を出すことができなかった，Ｍ：無記入，Ｎ：もっと話したい，私のことを知らない人と。

■第5セッション（2日目の午前）：Ｎさん→Ｉさん→Ｅさん

〔動き〕　Ｎさんをめぐって前セッションの続きが50分間行なわれる。しかしどうもモタモタしており，スッキリとはしない。

その後Ｉさんにｅさんが焦点をあて，以後60分間はこの人をめぐって話し合われる。そのなかで，Ｂさん，Ｃさんからは，「約束にルーズ」，「魅力がある」等のフィードバックが行なわれる。やがてそれなりに一段落する。

その後Ｅさんに焦点があてられる。Ｅさんは前夜の夢（私がフロに入っていると，知らない男がライオンをけしかける）を話したり，「自分は冷たいのではないか」，「妹が転んだとき，自分で立ち上れと思ったが，周りの人の目を意識して起こした。人の目を気にする」等語る。

〔ファシリテーターの感想〕　魅力度6　　Ｎさんの話がダラダラとなるところに介入（1．自分でもっと話したいか？との質問，2．グループがＮさんの話にのれていないのでは？との質問，3．2時間話してきて，他の人からはもっと近づいてほしいと言われ，自分では感情の起伏が激しいと言っているようだとのまとめ）を行なう。その際Ｎさんがモタモタすることへのファシリテーターのイライラがあり，ややaggressiveとなる。しかし，このことはＮさんには伝わっていないようだ。Ｉさんのことでは，「他の人でこの際Ｉさんに言いたい人は？」と促すことをやる。Ｉさんがスッキリし，Ｅさんもかなりスッキリしたことに満足。Ｎさんがもう一つスッキリしていないこと，Ｇさん，Ｌさんの無発言が気がかり。

〔メンバーの感想〕　魅力度 5.93（0.59）　　満足した点——A：昨日はあまり話さなかった人も，少しずつ口を開いてきてくれたこと。B：本音が聞けたこと。C：みんなの心が一体となって動いている。D：皆がそれぞれの意見を言っていること。E：心のつっかえがとれた。F：自分自身をすなおに言えてきた。G：無記入。H：昨日より自分の思っていることを素直に言えている。I：自分についてのみんなの意見を聞けたこと。J：話が非常に煮つまってきている。K：みんなの思っている事を聞ける。L：みんなの本音が少しずつ聞けた。M：ちょっとだけ思っていたことを言えた。Eさんの本当の気持ち，悩みを聞くことができた。N：自分のこともいろいろ聞けたし，言えた。また他の人のこともいろいろ考えられた。

不満足，心残り，気がかり——A：特になし。B：無記入。C：私のことも言ってほしいような気もする。D：言わない（言えない）人がいること。E：今のところみんな優しくて，私に対して言いづらいことを言っていないような気がする。F：無記入。G：自分はすごく視野が狭く，内容はあく，位置づけというのがうまくできていないから，まとまらないみたいだ。H：特になし。I：自分でもみんなの思っていることを十分承知し，反省していることをもっと伝えたかった。J：なし。K：無記入。L：自分を表現できない。M：無記入。N：無記入。

■第6セッション（2日目の午後Ⅰ）：Eさん→Kさん，Lさん，Mさん
〔動き〕　　前セッションからの続きでEさんに焦点があてられる。しかし，あまり盛り上がらない。ファシリテーターが夢のこと，エピソードのことで少し介入するが不明確なままである。

そのうちKさんがEさんに，「発言を期待されるが，私にはできない」と涙ながらに訴える。以後Lさん，Mさんも同様の訴えをする。これに対して他のメンバーから，support するような発言がでる。しかし，「それでもできないのよ！」との激しい反論が更に出る。お互いにガッチリぶつかり合うが，やがて共感しあう雰囲気となる。

〔ファシリテーターの感想〕　魅力度 6.5　　Eさんの介入は，うまくつかめておらず中途半端になる。Kさん，Lさん，Mさん等のあまり発言できない人

が出てきて，本音をぶつけてくれたこと，Gさんが時々発言していることに満足。Eさんがもう少し中途半端であること，Jさんがあまり出ていないことが気がかり。

〔メンバーの感想〕　魅力度6.50（0.82）　満足した点――A：皆で共感し合い，それからどうしようかというところにまで話をすすめることができた。B：すべて満足。C：みんなで感動できた。D：皆で泣きながらでも共感できた。E：私に対して不満な点を人が言ってくれて，自分自身が見えてきたこと。F：今まで発言しなかった人の真の気持ちを聞くことができてよかった。G：無記入。H：今までの用紙に『発言しない人に何か言ってもらいたい』と書いてきたが，どうして発言しないのとか，発言するということにどう感じているのかがわかって感動している。I：発言しにくい人の気持ちの奥底が知れて今から接するとき，本当に心をわかってあげたいし，わかれると思います。J：メンバーが泣いて訴えた点，メンバーがみんなのことをわかりあおうと頑張っている。K：みんなが自分に対してどう思っているのか，知る事ができた。みんなの意外な面を知ることができた。L：少し自分を表現できた。やっとみんなの中に一歩入れたように感じる。M：みんな私と同じようなことを考え感じているんだな，N：皆でひとつのことを感じることができた。

不満足，心残り，気がかり――A：特になし。B：Lさんが私たちに対してどう思っているか知りたい。C：無記入。D：特になし。E：自分は言うだけ言ったように思うが，相手にそれが伝わったか。F：無記入。G：やはりまだ『意見が出せない』と悩んでいる人の心にすっきりしないものがある――そこまでいけないことはわかるけど，心残り。H：KさんやLさんが，今のセッションでどう感じているのかを少し知りたいと思う。I：みんなの言ったことがそれぞれに本当に10すべて伝わったとはおもわないけれど，できる限りたくさん伝わってほしいと思う。J：なし。K：無記入。L：泣いてるばかりで，自分をことばで表現しきれなかった。M：無記入。N：無記入。

■第7セッション（2日目の午後Ⅱ）：Kさん→Lさん→Iさん
〔動き〕　先ずKさんの「他人のようにいろいろと感じない」をめぐってしばらく話し合われるが，もう一つ開けない。しかし，dead rock を感じたファ

シリテーターの提案で,「 , 」（コンマ）となる。

　次にLさんの「みんなのなかに入りたい」,「わたしはあだ名がない」をめぐって話し合われる。グループは非常にsupportiveであり,一段落する。

　その後Nさんが,「別のグループでIさんとその友人（ベベ――三角関係,ワンワン――共生関係）の話が出た」と情報提供する。そしてしばらくIさんをめぐって話し合われる。最終的には,その人達と話し合ってみたらということになる。

　〔ファシリテーターの感想〕　魅力度6　　Kさんへのコンマの提案とまとめを行なう。Lさん,Nさんに対しては特に発言しない。Lさんが出てきたことに満足。Gさん,Jさんが発言しないこと,Hさん,Cさんに焦点があたっていないことが気がかり。

　〔メンバーの感想〕　魅力度5.79（0.94）　　満足した点――A：Lさんと一歩近づくことができた。言葉に出して言ってみることの大切さを感じた。B：Lさんの本音がきけたこと。C：自分に対する意見が少しでも聞けて,それにより自分をふり返ることができた。D：よく知らない人について知れたこと。E：満足のしっぱなしで,みんなの考え方がきけてうれしい。F：ふだんめだたない人の気持ちが聞けた。G：無記入。H：初めて同じお部屋になって,又,初めての友達であったKさんについて真剣に考えられた。I：みんなのことを知り,又,自分のこともわかった。J：14人だけでもわかりあえる人がいる,まとまりを感じる。K：みんなの本音が聞けること。L：かなり自分を表現できた。M：無記入。N：Lさんと話せそうだ。

　不満足,心残り,気がかり――A：特になし。B：もっとLさんが私達に対してどんな風に感じたか知りたい。C：もっと自分のことを知りたい。D：最後に他グループの人とこのグループの人との関わりがでてきたけれど,このグループ内の人のことについてやりたい。E：他のグループの人と話してみたい。F：無記入。G：無記入。H：無記入。I：他のグループの人と話さなければならない。J：自分のことについてみんながどのように感じているのだろうか。K：無記入。L：泣いてばかりいた。M：もっと自分のことが知りたいような知りたくないような……。N：無記入。

■第8セッション（2日目の夜）：Aさん→Cさん

〔動き〕　Aさん（末っ子）が，「本当の友人がいない。人に対しても自分に対しても甘えてしまう。何か言って」と発言し，以後90分間はこの人をめぐって話し合われる。他のメンバーからは，2月のある事件のことを中心に，「Aさんは口がうまい」という発言が多く出る。しばらくのやりとりの後Aさんが，「2月の件ではみんなに心配をかけてごめんなさい」と涙ながらに謝る。すると他のメンバーも涙ながらにそれを受けとめ，グループはクライマックスとなる。

その後5分間ほどの沈黙を経て，Cさんが，「私には本当の友人がいないみたいで淋しい」と言い出し，他のメンバーからの応答がなされる。しかし途中で時間となる。

〔ファシリテーターの感想〕　魅力度5.5　　Hさんや何人かの人が，「○○さんはAさんに対してこうよ」という言い方をすることに対して，「自分は……」にしたらとの介入を行なう。Aさんのことが一段落し，Gさんが1回は出たことに満足。Mさん，Jさんの無発言が気がかり。

〔メンバーの感想〕　魅力度6.07（0.80）　　満足した点——A：皆が本気で言ってくれたこと。B：自分の気持ちを伝えることができてうれしい。C：自分のことが多少ではあるが言えた，Aさんの本心が聞けてうれしい。D：よく知らなかったAさんについての誤解がとけたこと。E：今までつかえていたことを出してしまったような気分です。F：Aさんの本心が聞け，自分の意見が言えた。G：Aさんの素直さが，さらに自分の中に深まった。H：Aさんのことが少しずつわかったような気がしてよかった。I：Aさんの気持ちを知れて本当に嬉しいし，自分もAさんの反省を聞いて，自分にあてはまる点があり，自分自身の反省となった。J：メンバーが自分のことに気づこう，良くしようとしているのがわかる。すばらしい。K：誤解がとけたような気がする。L：自分1人が劣等感をもっているような気がしていたが，そうでなく，みな同じようなところがあると分かった。M：Aさんのことをよく知ることができた。N：無記入。

不満足，心残り，気がかり——A：皆の言うことをのみこもうと思っていたにもかかわらず，どうしても自己弁護してしまう自分がいた。B：Cさんの話

が途中で終ったので残念であった。これからだと思う。C：無記入。D：Cさんのことについて途中で終ったこと。E：もう少し話したい，まだ終りたくない。F：無記入。G：無記入。H：Cさんのことでここで切らずに続けたかった。I：最後の方，頭がいっぱいになり，人の話を充分聞けなかった。J：自分のことに触れていない点。K：まだ心の中で思っている事があるのでは。L：無記入。M：明日で終ってしまえるかしら。N：明日へのもちこしが不安（？）

※このセッションの後，夜中の1時半までほとんどのメンバーが残って話をした模様である。そのなかでは，B，C，に焦点があてられたようである。

■第9セッション（3日目の午前）：Jさん→Dさん

〔動き〕　まずファシリテーターが，「今日は最後ですから，何か得たい人は頑張って下さい」と発言する。するとJさんが，「私は人に心を開かない，甘えんぼうはみえみえなのに甘えられない」，「小学校時代から，両親が仕事のため朝早くから外に出るので，私が高校生の兄と自分の弁当をつくらないといけなかった」と述べ，60分間はこれをめぐって話し合われる。

その後，Dさんが，「私はわがまま，人に交われない」と発言し，これをめぐって90分間話し合われる。終り頃になって，Kさん，Mさんが，「Dさんは私達に思いやりを示してくれた」と発言する。するとDさんは，「私は日頃は『ありがとう』と言えないけれど，ありがとう」と述べ，相互に涙を流しあい，クライマックスとなる。セッションが終わっても，DさんとKさんは抱き合ってしばらく泣いている。

〔ファシリテーターの感想〕　**魅力度7**　Jさん，Dさんに対して感じたことをよく口に出して表現している。この2人に焦点があたったことに満足。Gさん，Hさんのことが気がかり。終り数分前までまとまらない感じなのに，Kさん，Mさんが出てきてクライマックスになり，グループのすばらしさを感じる。

〔メンバーの感想〕　**魅力度6.43（0.90）**　満足した点――A：その人について，何故か何故かと考えていくうちに，その人の姿ばかりでなく，自分自身をも見つめることができた。B：すべて満足です。C：一人一人の苦しみをみんな感じてくれた点，また心から泣けることの喜びを感じる。D：皆がわかっ

てくれたこと。きついことでも言ってくれて私に分かれようとしてくれたこと。E：みんな自分を出している。F：自分自身をさらけだしている。G：無記入。H：無記入。I：Dさんの気持ちを知れた点，またDさんがそれだけ自分を出してくれたことにとてもうれしさを感じる。J：皆と話している中で，今まではっきり分からなかった自分というのが見えてきて，これから努力してみようと思えた。K：今まであまり接していない人と何となく分かり合えたような気がする。L：無記入。M：Dさんとこれから表面的，しんから分かりあえるような気がする。N：無記入。

　不満足，心残り，気がかり——A：特になし。B：ありません。C：無記入。D：特になし。E：傷つけないようなことばで言っているけれど，それでいいのかという迷いがある。F：まだ自分自身を出せていないような気がする。G：もう一歩その人の気持ちになって共感してやれていない面があるようで，すごくいやである。自分の問題がわかってないせいか，すごく感じれてる皆に，一種のねたみを感じてたまらない，どうしてこう思うのか。H：無記入。I：まだ自分自身を出せていないかしれない。J：なし。K：特になし。L：無記入。M：Jさんについてよく知っているようで知らない，何も言えなかった自分がいやだった。N：私には共感できない部分があったのです，少しだけ。

■第10セッション（3日目の午後Ⅰ）：Mさん→Cさん

〔動き〕　まずMさんが，「私は人とあまり深くかかわれない，人からは安心感があると言われるが……」と述べ，95分間はこの人をめぐって話し合われる。そのなかでは他のメンバーから，「Mさんは通学生5人のなかで1人引っ込んでいる。食事の時も，他の人が食べ始めてからようやく食べ始めるし……」との発言も出る。ファシリテーターは，「Dさんは大仏様という感じであり，観音様という感じではない，すなわち，安心感はあるが，女性という感じがしない」と述べる。

　やりとりの途中でMさんは，他のメンバーからあまり反応がないことに対して，「私のグジグジがイヤなら，はっきりそう言ってよ！」と激しく居直る場面もある。この時は，ファシリテーターもやや aggressive にグループに対してMさんのこの気持ちを代弁するような発言をする。

そのうちMさんはハッと気づいたように，「私は八方美人みたい……」とポツリと洞察めいた発言をする。これに対してファシリテーターが，「これまでそのように思ったことがあったか？」と確認すると，Mさんは「初めて」と答える。

Mさんのことが一段落したところで，ファシリテーターはCさんに対して，「あなたには，やさしさと傷つきやすさを感じる。傷つき体験がいっぱいあったのであろうと思う」とフィードバックする。「外見を派手に不良っぽくするのは何故かなあ？」，「1度傷つけられると，2度と開かない感じがする」とも述べる。

〔ファシリテーターの感想〕　魅力度6　　自分としては率直に思ったことを表現している。Hさんに，「昨日の第8セッションでのファシリテーター発言以後，発言が全然ないが，話せる時があったら言ったら」と述べる。Mさんが一段落したことに満足。Hさんのこと，Nさんの無発言が気がかり。またAさんが頭痛がしていることが気になる。昨日急激すぎたせいか？

〔メンバーの感想〕　魅力度5.79（0.94）　　満足した点——A：ファシリテーターの意見を色々と聞くことができた。B：Mさんが1つのふんぎりがついたみたいでうれしかったし，もしこのグループの中で誰のような性格になりたいかと聞かれた時，私の名前を言ってくれたのが本当にうれしかった。C：私の心の深いところの気持ちが言えた。D：無記入。E：思っていたより，中心人物が不満を出してくれたこと。F：みんなひとりひとりの心を出せたようだ。G：無記入。H：Mさんとはほとんどあいさつぐらいしかしないんだが，やはりお部屋に遊びにでもいこうかと感じるようになった。I：Mさんの話のときに，ああ対人関係訓練とは，こんなものなのか　と何となく感じた。J：Mさんの気持ちをじっくり聞けたこと。K：他の人の知らない部分を知れる。L：無記入。M：無記入。N：無記入。

不満足，心残り，気がかり——A：心の中のもやもやを整理できず，相手に返せなかった。B：これからの進み方。C：私が言ったことに対してのみんなの反応がほしい。D：Mさんのことですっきりしていないのではと思う。E：私の中で，対人関係訓練とはこうあるものだろうと思っていたのと違うのが意外だった。F：無記入。G：無記入。H：無記入。I：少し疲れてきているのでは……という気がかり。J：少し集中力に欠けたこと（自分が）。K：無記

入。L：無記入。M：なんだか自分がみんなをしらけさせたようでつらい。N：無記入。

■第11セッション（3日目の午後Ⅰ）：Hさん→Cさん→ふり返り

〔動き〕　ファシリテーターがHさんに焦点をあて，100分間はこの人をめぐって話し合われる。そのなかで，Hさんは他の人から別格と見られているという話が出る。これに対しIさんが，「Hさんは本当はみんなと交わるのが好きだし，そうしたいのよ」と発言する。するとHさんは，涙ながらにこの発言に同意する。他のメンバーもこのようなやりとりをみて涙を流す。

その後HさんはKさんに話しかけ，2人の間のそれまでのしこりについて話し合い，一段落となる。

次に，IさんがCさんに対して「Cさんはいつもはこわいのに，ここでは穏やかだが，これは努力しているのか？」と問う。Cさんは「うん」と答え，さらに「ここでのこのような自分と，以前の自分とどっちが本当か不安である」と述べる。そしてしばらくCさんをめぐって話し合われる。その中でAさんは，「私はこれまでは人のために涙を流すことはなく，自分のためにだけ流していたが，ここでは人のために涙を流せるように変われた。このように私も変われたから，Cさんも変われると思う。……こんなに言うと，みんなから『またうまいこと言って』と思われそうであるが，それでもこう言いたい！」と涙ながらに語る。ファシリテーターはCさんに，「自分にはいろいろな側面があるが，それは次第に統合されていくように思う」と述べる。

最後にファシリテーターが，「グループはメンバー1人1人を楽器にたとえれば，みんなで即興曲をかなでてきたようなもの……他のグループとは違っている……個人によって満足度は異なっている……」等，全体を振り返っての発言をして終りとなる。

〔ファシリテーターの感想〕　魅力度7　　Hさんのこと，HさんとKさんのこと，Nさんが発言したこと，前セッションで頭痛がしていたAさんが発言したことに満足。Gさん，Nさん，Mさんがもう一つ完全燃焼していないことが心残り。メンバーの能力の偉大さを感じる。下手にファシリテーターが頑張らぬがよい。今回のグループを全体的にふり返ると，よく展開したように思う。

一応全員に焦点があてられた。ファシリテーターもよく発言した。メンバーが良かった。

〔メンバーの感想〕 魅力度6.64（0.61）　満足した点——A：Hさんとの間にあった壁をようやく乗りこえることができ，『みんな分かりあえるんだ』と感じた。B：自分のことのように涙が出てどうしようもなかった。Hさんの今の気持ちが聞けて本当によかった。C：みんなのわかりあいたいという気持ちがぶつかりあい，その人の本心が聞け，お互いの誤解がとけたようでうれしい。D：いろいろ知れたし，共感もできた。E：気づけずにいた自分がわかったこと。F：人の気持ちをわかると思っていても，実際には感じとれていなかった自分を感じることができた。G：無記入。H：今とてもうれしい気持ちである。やはり今までお互いにはいわない部分を感じていたけれど，それが破れた感じで，またIさんの言葉で本来の私というものをやっとつかめたと思う。I：みんなが本当に言ってくれたこと。J：はじまったときよりも，皆についてすごくわかったし，まとまれたと思う。K：心のなかのもやもやした物を出せた。L：無記入。M：みんなのひと言ひと言に共感できた。正直言ってHさんの涙にびっくりしたとともに急に接近できたように感じた。N：Hさんにスキと言えた。Cさんに言いたかったことを伝えれたと思う。

　不満足，心残り，気がかり——A：特になし。B：Cさんのことがこれでスッキリしたわけではないような気がするが，今の努力を続けてほしい。C：無記入。D：最後の方に出たCさんの質問で，あの解答で満足しただろうか。E：本音は出していたと思うけど，それを言葉でかざってはいなかっただろうか。F：人の性格などわかってるように思っていたけれど，外見ばかりで気持ちを感じようとしなかった自分を気づいたが，みんなからどう感じているか聞けなかったので，聞いてみたいし考えたかった。G：自分の問題としてはたしかにあまり満足できていない。しかし，今回この場で得た関わり方を，これからの生活上に生かせれば，きっと役に立つと思う。H：無記入。I：まだ今から反省して変化していく自分に少し不安がある。J：なし。K：特になし。L：無記入。M：無記入。N：無記入。

4．参加後の感想

「参加者カード」のグループへの《満足度》についての7段階評定の結果は〈非常に満足〉が8名（A，B，C，D，F，H，I，J），〈かなり満足〉が5名（E，G，K，M，N），〈どちらかといえば満足〉が1名（L）である。平均点＝6.50，標準偏差＝0.63

記述欄から一部を抜すいすると次のようである。

Aさん——「私にしてみれば，これだけ心から人の言うことに耳を傾け，それに共感し，涙を流すことができたのは初めての体験である。今までの人生では様々なことがあって，その度に人とぶつかってきた割に，こういう思いにまで至ることができなかったというのは，本当に自分がわがままで，自分を甘やかしていたからだと思う。『人のことばを聞く』ということの大切さを本当に感じた。そしてこれから人の為に涙することのできる人間になろう，と思ったのも本音である。」

Bさん——「今までの自分の誤解を解消することができ，又，自分の気持ちを伝えることができたように思う。そして知らない部分を知ったことによって，みんなと本当の友達になれると嬉しく思った。又，みんなと感動を共に感じることができ，一体感を感じられてよかったと思う。自分が今までいかに甘く，そしてみんなのことを分かっていなかったのか，自分の立場だけで物事を考えていたようだ。……これに参加して，本当にみんなのことが好きと思った。そしてみんなに認められるような人間になりたいと思う。」

Cさん——「いろいろ皆のことがわかったし，自分は今まで本当にいろんな人と接してはいたけれど，それが表面的で少なかったと思います。人はいろんな所で自分自身を見つめ悩んでいることを聞いて，自分もそうだ！と共感できるところ，又，自分はそんなことは思わないのにそう感じる人もいることを知り，今までの自分の視野の狭さを感じています。また自分自身の気持ちの整理もついて，『今まで一人なんじゃ……』と不安に思っていたことが，みんなが私の努力について少なからず認めてくれている嬉しさを感じました。」

Dさん——「自分についてモヤモヤして分からなかったことが，他の人に言

われたこと，質問で大分つかめてきたし，他の人について知っている人には言えるのもわりに言えたし，私の知らない部分を知れた。又，『知っている』ということも，私は一面しか見れていない部分があったけれど，他の方向から一層その人を身近に感じることができた。」

Eさん──「今まで親しくつきあってきた友達なのに，私はいったいこの人のどこを見ていたのだろうと気づかされてばかりいました。自己嫌悪は感じるけれど，すがすがしい気持ちなのです。自分自身についていえば，みんな私のこと，私以上にみていてくれるなあと感じる部分もあれば，まだ私のこと分かっていないなあと感じる所もあります。……今の自分がイヤで仕方なかった私だったけど，今回の対人関係訓練を通して，そんなにイヤじゃなくなってきたのは事実です。」

Fさん──「みんなから，自分についてあまり言われてないように思う。しかし私としては，他の人に接してきた自分に考えさせられる部分が多かった。客観的に人を見る自分を感じ，その人のイメージを自分の中につくっているのではないかと思った。いろいろな人の色々な気持ち，今まで分かっていた部分もあったが，分かってもそれに感じれなかった冷たい部分があったのではないか。この会を終えて強く感じたことは，人間てすばらしいなあ，分かりあうというのはこんなにすばらしいことかなあと思った。」

Gさん──「初めての経験，すごく得る所が多かった。『互いに求めあってるんだ』ということを知ってうれしい気持ちがする。」

Hさん──「私という人間を真剣な気持ちでみつめてくれたメンバーにとても感謝しています。もちろん私も，ひとりひとりに対し真剣に考えられたことを嬉しく感じています。そしてメンバーが考えてくれたと同時に，『本当の自分』というか，忘れかけていたものを，みんなの意見によってつかみもどしたような気がします。」

Iさん──「何よりも自分の悪い点，自分が知ってて伏せてきた点を指摘され，反省させられ，考えたことが一番うれしく，今から良い人間になりたいと思った。人と人との触れあいの大切さを知り，又，感じることができたこと，人と共感できたという実感を得たことが，うれしく思う。……『相手の気持ちを考える』，『相手の気持ちを大切にする』，『相手の気持ちの深さをしる』とい

うことの大切さというのを，実感として感じた……自分には，自己中心的なところがあったと，本当に思った。」

Jさん――「自分がこれまで人とどのようにかかわってきたか，というのは意外に自分では分かりにくく，周りの人から見た私について気持ちをストレートに伝えてもらい，又，『これから先，しっかりしようと気負うばかりではなく，甘えることもおぼえたら少しは楽になるのじゃないか！』というアドバイスまでいただいて，これまでモヤモヤしていたものが，すこしふっきれて，勇気を出してぶつかってみようという気になりました。」

Kさん――「今まであまり知らなかった人の本当の姿を知ることができて，本当によかったと思う。自分は，思っていることを出せなかったと最初言っていたが，最後には結構思っている事を，ちょっとはためらいながら言えていた様な気がする。こういう場だったらかもしれないけれど……。でもそういう自分自身がうれしかったし，何となく自分に対する自信みたいなものが，少しずつ感じられたと思う。（思いすごしかも……）それと同時に自分の我がままな点や，他人への思いやりのなさを，改めて感じた。今みんなが本当に好きだといえる。それは，心の中のわだかまりがなくなった為だと思う。」

Lさん――「これまで自分自身もやもやしていたこと，なんとなく自分でも気づいていたが表現できなかったことを少し表現することができた。自分のことを話す時は，かなりとりみだし，泣いてばかりいて，もっと言ってみたいことがあったような気がするのに，まだ表現しきれなかったようで残念。……反面，みんなの話を聞きながら，みんなはこの2年半にかなり分かりあっていて，誤解していた事も今回の訓練で解くことができ感じあっているのに，1人とり残されているような気がした。今後みんなの中に入っていきたいとは思うが，どこまでできるのか，今新たに不安になった。」

Mさん――「今ひと事で言いあらわせませんが，何ともいえないおだやかな，さわやかな気持ちになっています。みんながみんなのことを一生けんめい考えて，私を含めてあまり言えない人でもそれなりの考え方，感じ方を表現し，またすばらしい感じ方をする人の意見を聞けてよかったです。このグループは，本当に知らない人ばかりだ，と決めつけていたのですが，本当はこちらから知ろうとしてなかったんだと気づきました。」

Nさん──「どんな風になるのか,話はすすむのかという不安も途中で消え,自分の思っていることを言うためにいい機会だったと思うが,私自身のことがまだ未(不)消化でやや不満あり。結局私は他の人の中に入ってないのかなという不安が残る。しかし,これから本当に人と自分を考えることを大切にできそうな気がする。」

5. 考　　察

(1) グループ発達について

このグループの《導入段階》は,第1〜3セッションと考えられる。というのは,「段階Ⅰ:当惑・模索」は,第1セッションでゲームが用いられているのではっきりしないが,第2セッションは「段階Ⅱ:グループの目的・同一性の模索」,第3セッションは「段階Ⅲ:否定的感情の表明」に相当するように思われるからである。

このグループの《展開段階》は,第4〜10セッションと考えられる。というのは,第4〜5セッションは「段階Ⅳ:相互信頼の発展」,第6〜11セッションは「段階Ⅵ:深い相互関係と自己直面」,「段階Ⅵ′:深い相互関係と自己直面」,「段階Ⅵ″:深い相互関係と自己直面」に相当するように思われるからである。

このグループの《展開段階》は,普通のしかたに比べれば,かなり偏っている。普通は「段階Ⅳ:相互信頼の発展」の後は「段階Ⅴ:親密感の確立」となり,冗談,ユーモアを出し,笑いころげて,心身をリラックスさせ,感情が高揚する状態が訪れるのであるが,このグループではそれがないのである。そしてそれがないままに「段階Ⅵ:深い相互関係と自己直面」に入っている。

また「段階Ⅵ:深い相互関係と自己直面」以降の展開もやはり偏っている。普通は〈深い相互関係と自己直面〉と〈親密感の確立〉が交互に表われるのであるが,このグループでは前者だけがどんどん続いていき,後者がないのである。

グループ展開としては,やはり《多少緊張して一歩前進する時期》(〈相互信

頼の発展〉，〈深い相互関係と自己直面〉）と，《リラックスしてリフレッシュする時期》（〈親密感の確立〉）が交互に訪れることが大切であるように思われる。先の研究（野島，1982 a）で指摘したように，前者のみを長く続けていけば，疲労が重なったり柔軟性に乏しくなったりエネルギーが不足してきたりするし，後者のみを長く続ければダレてしまうことになる。

このようなことから考えれば，このグループは「まじめすぎ」であり，もう少し「あそび」の時間をもつことが必要だったと言えよう。

このグループの《終結段階》〔村山・野島の発展段階仮説で言えば，「終結段階」〕は，第11セッション（最終セッション）であるが，その経過の特徴は，「展開段階の延長」と言えよう。普通は，《終結段階》ではグループへの満足と感謝を表現したり，今後の意欲を語ったり，それなりの終わりらしい動きがあるのであるが，このグループではそのようなことはなく，辛うじて最後のファシリテーターの振り返りだけが，終わりらしい動きである。時間ギリギリまで，グループはダイナミックに展開し，盛り上がりのうちに終わっている。

（2） ファシリテーションについて

ファシリテーションについて，セッションごとに考察を行なう。

【導入段階】
■第1セッション

①ファシリテーターは，グループを開始するにあたってのウォーミングアップのために，「私の4つの顔」というゲームを提案し，グループに受け入れられる。それでファシリテーターは，まずはメンバーに記入をしてもらい，次にそれをもとに話をしたり，他の人からの質問を受ける時間をとる。

グループが開始されてしばらくは，グループは緊張しており雰囲気も硬いので，このような形でウォーミングアップを図ったことは，相互に自己開示をし合いながら，リラックスし，グループへの信頼感，安全感を高めるのに貢献しているように思われる。

②「私の4つの顔」の説明にあたってファシリテーターは，自分自身のことを率直に自己開示，自己表現している。このようにファシリテーターのことを

積極的に表現することは，メンバーにとってはファシリテーターがどのような人であるのかを知ることができることになる。そしてこのことはメンバーが，グループへの信頼感，安全感をもちやすくなることにつながっているように思われる。

■第2セッション
　①このセッションの初めの方でファシリテーターは，「自分はリーダーではない」とはっきり発言している。通常は，このようなことは第1セッションの冒頭の導入の発言のなかで言うことであるが，このグループは第1セッションはウォーミングアップからスタートしたので，改めてここで発言しているのである。ファシリテーションシップの共有化のためには，このようにきちんと場面構成の発言をしておくことはとても大事なことであるように思われる。
　②あるメンバーが「人を愛するとは？」と切り出し，グループではこれをめぐってしばらく話し合われる。そのやりとりのなかで，ファシリテーターは話をまとめるよう発言を何度か行なう。導入段階では，各メンバーの発言したい気持ちが勝ちすぎて，放っておくと話が拡散してしまうので，ファシリテーターは時々このようにしてまとめることをすることが，相互作用を深めていくことにつながるように思われる。

■第3セッション
　①前セッションで不十分に終わっていた2人の相互作用を，ファシリテーターはこのセッションの最初に取り上げている。そして2人はしばらくやりとりをした後，心が通じあう体験をしている。
　このように，不十分なままに終わっていた相互作用をファシリテーターは覚えておいて，早い機会に取り上げることは，相互作用を深めていくうえで非常に大切である。不十分なままで長い時間がたつと，メンバーは不完全燃焼感が強まり，グループでの居心地が悪くなりかねない。
　②あるメンバーに対して他のメンバーから，「あなたの言うことはいつも正論ではあるが……」「自己中心的」「人の話を聞き入れない」等の否定的なフィードバックが出る。またファシリテーターも「傷ついて苦労することが必要」と

発言している。この当時はファシリテーターは全然意識化できていないが，この場面はスケープ・ゴート現象的場面であろうと思われる。

このことから，スケープ・ゴート現象はファシリテーターに意識化されにくい時があるので，否定的な発言が多く出る時にはファシリテーターはくれぐれも（もしかしたらスケープ・ゴート現象では）気をつけることが必要である。

③ファシリテーターはあるメンバーに，「あなたはこのセッションの最初に『あまり話さない人の話を聞きたい』と発言したが，これは自分のことが深まることがイヤだったからでは？」と明確化の発言をしている。以後しばらくこの人に焦点があてられる。このような形で，ファシリテーターがメンバーの気持ちの明確化を行なうことは，自己理解のきっかけになるように思われる。

【展開段階】
■第4セッション

①あるメンバーの「自信がない」をめぐって50分間話し合うがもう一つ開けないので，ファシリテーターはいったん打ち切ること（水入り）を提案し，受け入れられている。自己開示している人の自己理解がさらに深まるようにと，本人も他の人もかなりの努力をしているのであるが，1時間（個人カウンセリングの1セッション相当）を経過しても展開せず，次第に皆の集中力が落ちてきて疲労してきているので，それ以上続けても，自己理解の援助につながることは難しいので，ここでこのような提案を行なったことは良かったように思われる。

②あるメンバーに50分間スポットライトがあたった時に，ファシリテーターはその人に対して，「影が薄い，カメレオン的で周りに合わせてばかり等」の浮かんだイメージのフィードバックを，（内容がネガティブなのでファシリテーターはかなり慎重に本人に受け入れられるかどうかを推し計りながら）行なっている。このようなフィードバックは，その人が自己理解をさらに深めていくきっかけになるように思われる。

③その後グループの流れが一段落してから，あるメンバーが自発的に別のメンバーにうまくスポットライトをあてている。このようなことはファシリテーション的な行動であるが，ファシリテーターはこのようなメンバーの行動を尊

重している。そうすることは，メンバーがどんどんファシリテーター的になっていくことにつながっているように思われる。

■第5セッション
　①あるメンバーの話がダラダラとなるところで，ファシリテーターは「自分でもっと話したいか？」と質問をしている。ダラダラ話す時は，自分自身はあまり話したくないのに，グループに引きずられて話し続けることがあるし，そのような場合には心理的損傷が起こる可能性があるので，ファシリテーターが確認をしているのである。このようなことは，心理的損傷の防止のためにとても大切であるように思われる。
　②あるメンバーの話がダラダラとなるところで，ファシリテーターは「グループがこの人の話にのれていないのでは？」と質問をしている。スポットライトがあてられてしばらくたつうちに，その人に関わる他の人達がのれなくなっているにもかかわらず，惰性で関わり続けているのではと，ファシリテーターは気になったので，このような質問で確認をしているのである。惰性で話し合ってもあまり意味がないので，このように確認をすることは必要である。
　③あるメンバーが，モタモタすることへのファシリテーターのイライラがあり，やや攻撃的になっている。幸いに，このことはそのメンバーには伝わっていないようであるが，もし伝われば傷つける恐れがある。ファシリテーターは自己のなかのイライラに気がつくことは大事であるが，それの表現にあたっては，心理的損傷を引き起こさないように，くれぐれも注意をする必要がある。
　④あるメンバーに焦点があてられてフィードバックが行なわれているときにファシリテーターは，「他の人でこの際Ｉさんに言いたい人は？」と促すことをしている。この人をめぐってかなりの人からいろいろなフィードバックが行なわれているのであるが，さらにより多くの人からの発言を求めているのである。お互いに率直に言い合うことは，相互作用を活発にするうえで，有益であるように思われる。

■第6セッション
　①前セッションからの続きであるメンバーに焦点があてられ，ファシリテー

ターは，夢のこと，エピソードのことで結構応答を行なっている。結果的にはいまいち明確にはならなかったが，このようなメンバーの自己開示的な発言に対して，ファシリテーターが積極的に応答することは，その人の自己理解の援助につながるように思われる。

②発言がなかなかできない人達と，励まして何とか発言を促そうとする人達の間で激しい緊張・対立が生じる。この時にファシリテーターは，前者のつらさとか苦しさができるだけ後者に伝わるように，また逆に後者の思い・気持ちができるだけ前者に伝わるようにと，両者をつなぐようなパイプ役を演じている。そして，やがて両者は，相互に共感しあう雰囲気となっている。このように，立場が違う人達の相互理解を図っていくことは，相互作用を活発化するのに非常に大切である。

■第7セッション

①まずあるメンバーの「他人のようにいろいろ感じない」をめぐってしばらく話し合われるが，いまいち開けない。しかし，dead rock を感じたファシリテーターは，一区切りすることを提案している。ある程度の時間を費やしてもなかなか進展しない時には，このようにいったんストップをかけることは必要であるように思われる。

②その後2人にスポットライトがあてられ，サポーティブな雰囲気のなかで一段落している。この流れでは，ファシリテーターは特に発言をしておらず，メンバーがファシリテーター的に動くことを尊重し見守っている。このように，ファシリテーターが発言をしないでおれるということは，大切なことであるように思われる。

■第8セッション

①あるメンバーが，「本当の友人がいない。人に対しても自分に対しても甘えてしまう。何か言って」と発言し，この人にスポットライトがあてられる。この人をめぐるやりとりのなかで，何人かのメンバーが「○○さんはAさんに対してこうよ」という言い方をすることに対して，「自分は……」にしたらとの介入を行なっている。これは，よりダイレクトにメンバー同士が相互作用を行な

■第9セッション

①前セッションの後半であるメンバーの「私は本当の友人がいないみたいで寂しい」という話が途中で時間切れになっていたのに、このセッションの冒頭でファシリテーターは、「今日は最後ですから、何か得たい人は頑張って下さい」と切り出している。これはあまりよくないように思われる。やはりまずは前セッションで中途半端であった人に、どうするかを確認すべきであろう。そうしないとその人は発言のチャンスがなくなり、自己理解が十分になされないままになる恐れがある。

②「私は人に心を開かない、甘えんぼうはみえみえなのに甘えられない」等と発言するメンバー、「私はわがまま、人に交われない」と発言するメンバーに対して、ファシリテーターは思ったこと、感じたことを率直にフィードバックしている。グループも最終日になってきたし、ファシリテーターのなかにその人についてのイメージがかなりはっきりしてきているので、それを表現しているが、これはその人の自己理解に役に立つように思われる。

■第10セッション

①あるメンバーが、「私は人とあまり深くかかわれない、人からは安心感があると言われるが……」と発言し、スポットライトがあてられる。ファシリテーターは、「安心感はあるが、女性という感じがしない」等のフィードバックをしている。これは、ファシリテーターがそれまでを通して感じたことである。このような率直なフィードバックは、その人の自己理解につながるように思われる。

②あるメンバーが、他のメンバーからあまり反応がないことに対して、「私のグジグジがイヤなら、はっきりそう言ってよ！」と激しく居直る場面で、ファシリテーターはやや攻撃的にグループに対してこのメンバーの気持ちを代弁するような発言をしている。このような場を緊張させる率直な発言は、下手をすると（他のメンバーから総スカンを食って）発言者が浮いてしまう危険がある。さらに逆に攻撃をされて傷つく恐れもある。だからこのような時にはファシリ

テーターは，そのような率直な発言に寄りそい，この人が浮いたり，傷ついたりしないように気をつける必要がある。

③あるメンバーがハッと気づいたように，「私は八方美人みたい……」とポツリと洞察的な発言をする。これに対してファシリテーターが，「これまでそのように思ったことはあったか？」と確認すると，「初めて」と答える。このようにそれまで気がつかなかったことについて洞察的な発言をした時には，それを確認することが大切であるように思われる。そうすることで，自己理解がより定着していくように考えられる。

④あるメンバーにファシリテーターは，「昨日の第 8 セッションでのファシリテーター発言以後，発言が全然ないが，話せる時があったら言ったら」と声をかけている。しばらく発言がなくて，もしかしてのれていない，のりにくくなっているとファシリテーターが思うような時には，このように声をかけると，その人はグループに入りやすくなるようである。

【終結段階】
■第 11 セッション

①最初からファシリテーターが，（前セッション無発言で気にかかっていた）あるメンバーに焦点をあて，100 分間はこの人にスポットライトがあてられる。そして結果的には感動的な形で一段落する。

しかし，最終セッションでこのようにファシリテーターが 1 人の人に積極的に焦点をあてることは，かなり危険でもある。今回はうまく治まったが，場合によっては時間内に治まりきれず，混乱のままに終わりの時間を迎えることにもなりかねない。やはり原則的には最終セッションでは先に進むことはしない方がよいのではなかろうかと考えられる。

②「ここでのこのような自分と，以前の自分とどっちが本当か不安である」と発言してスポットライトをあてられたあるメンバーに，ファシリテーターは「自分にはいろいろな側面があるが，それは次第に統合されていくように思う」と率直に思ったことを述べている。このような発言は，その人の自己理解につながっていくように思われる。

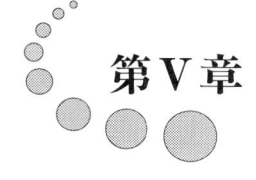

第Ⅴ章　典型的な高展開グループにおける
　　　　ファシリテーションの事例研究

1．グループ構成

a．エンカウンター・グループの位置づけ　このエンカウンター・グループは，1977年10月下旬に，ある地区の看護婦講習会として行なわれた。そのパンフレットには，目的は「講習会のメインテーマを『看護婦の主体性を求めて』とし，人間関係の相互理解を深めるとともに，看護婦の主体性と指導性を啓発，助長し，もって看護の向上を図ること」であり，研修方法は「10人位の少人数に分かれて，参加者相互の関わりあいによって展開していくエンカウンターグループワークショップである」と記されている。

b．グループ編成　40人の参加者があり，これを4グループに分けファシリテーターが2名ずつついた。この他にオーガナイザーが1名常駐した。ここで報告するグループの参加者は次のとおりである。年齢順に，Aさん(45)，Bさん(40)，Cさん(34)，Dさん(33)，Eさん(32)，Fさん(30)，Gさん(29)，Hさん(29)，Iさん(28)，Jさん(24)。相互に初対面の人達ばかりである。ファシリテーターは野島(30)，コ・ファシリテーターは看護婦のYさん(51)。

c．スケジュール　講習会全体は5泊6日で組まれた。1日目午後にオリエンテーションとリサーチが行なわれ，この夜がエンカウンターグループの第1セッションであった。2日目～4日目は1日に3セッション（朝・昼・夜），5日目は2セッション（朝・昼）が行なわれ，合計12セッションであった。1セッションの時間は，朝と昼が3時間，夜が2時間半であった。したがって，合計34時間である。5日目の夜はパーティー，6日目の朝は全体会とリサーチが行なわれ，昼食後解散となった。

d．場所　場所は海岸近くの国民宿舎であった。セッションは部屋を使って行なわれた。

2. 経　過

　以下の記述で「　」はテープ録音からの逐語録，『　』は発言の要旨である。魅力度は，7段階評定（1～7，数値が高いほど魅力度は高い）の結果であり，メンバーのものは平均点（カッコ内は標準偏差）である。

■第1セッション（1日目の夜）：導入→自己紹介→ファシリテーターへの質問→職場での悩み→再びファシリテーターへの質問→職場の話→Aさんが進め方を提案

　〔動き〕　　①導入：ファシリテーターは次のように導入を行なう。「時間ですけれども，えっと9時，今日は9時半までの予定で。まあ今日から研修会が始まりで，ま，今日から行なわれるこの研修会は，あの今エンカウンターグループと言われているまあ1つのこういう研修の方法がありますので，エンカウンター・グループあるいはえっとですね，それに近いところでは感受性訓練とかあるいはTグループとかあるいはカウンセリングワークショップとかそういう名前で呼ばれているまあ一連のこういうグループで，まあ一緒に体験学習をすすめていくようなそういう学習方法がありますけれども，今回のグループはそういう1つの体験学習で，エンカウンター・グループと言われるそういうグループ学習ですね，グループ体験学習といいますか。

　そいで，今回のなんかあの研修のメインテーマが看護婦の主体性を求めてということですかね，ということでこのグループではもうあの特にエンカウンター・グループではそれぞれの主体性が一番尊重されますし，まあ特に僕とそれとYさんと2人がファシリテーターということで，まあファシリテーターというのは日本語では促進者，促し進める促進者という具合に訳していますけれども，まあそういうファシリテーターの役割ですけれども，まあこれもあくまでもほんのお手伝いをちょっとやるくらいのもので，基本的にはあのここにおられる1人1人が主体性をもってこのグループに参加されることが望まれています。

　そいで最初にお聞きしますけれども，そういうエンカウンター・グループと

かカウンセリングワークショップとか感受性訓練とかそういうスタイルの研修会をこれまで体験された方ちょっと手を挙げてください……そうですか，じゃまったく初めての方ばかりですね。

そうするとあのこれからのグループのなかでは，あの特に何かについて話し合うというそういう課題の設定はこちらのファシリテーターの方から何らありません。だからここに集まった12名のなかで何かこう話したいこととかそういうことがあったらそれを出し合っていくということで，特に何についてというこういうテーマという意味では全く自由です。

そっとそれからそうですね，いわゆる研修会の講師という形で，あの僕とYさんが入るという形ではなくて，僕とYさんもできるだけこのなかで自発的に感じたことを話したり，こうしたいということを提案したりということで，基本的には皆さんと同じあの立場でこのグループに参加しようと思っています。

そのことと他にYさん何かつけ足すこととか何か？（コ・ファシリテーター「別に。そのようなつもりで，あのグループをいたします。」）

そいじゃどうぞ何か自由に主体性をもって…」

②自己紹介：するとしばらくして自己紹介が始まる。氏名，所属先，職務内容，臨床経験，研修会への参加動機などを全員が順番に話す。ファシリテーターは次のように語る。

「あの野島ですけれども，え，あの今九大の教育学部にいて，あの，カウンセリングとか，それからあのグループとかそういう臨床心理学と言われるところをやっています，そいであのまあ，医療界とのつながりは前からありまして，えっとカウンセラーあるいはセラピストとして2年間くらい心療内科系の病院にいまして，現在は6年目で精神科にずっといるところです。」。

コ・ファシリテーターも同様の型どおりの紹介を行なう。

③ファシリテーターへの質問：自己紹介が終わり1分ほどの沈黙のあと，Cさんがエンカウンター・グループの性質についてファシリテーターに質問する。それに対して次のように答える。

（話題について）「ああそうです，何でもいいと思いますけれども…」。

（集まりは目的をもって集まるのか？に対して）「そうですね，まあエンカウンターグループをやろうということで集まってきますからそういう意味ではあ

の…」。

④職場での悩み：次に医師と看護婦との関係，正看と准看の関係，教務と病棟の関係などについてしばらくの間話が出され，質問，助言等が行なわれ，熱心な雰囲気である。ファシリテーターは黙って聞いている。コ・ファシリテーターは何回か質問したり共感を示す発言を行なう。

⑤再びファシリテーターへの質問：そのうち，Aさんからグループの進め方について何度かファシリテーターは質問され，次のように答える。

「あの皆さんがいいかどうかということで，こうこれでいいということであれば，そういう話を続ければいいし，何かこれでまあどうもなんかせっかく来てからどうもね，来るかいがないということであればあの…」。

さらにBさん，Cさんから質問が続き次のように答える。

「時間のワクだけは動かせない，他のグループと一緒ですから。時間だけを区切ってあとはあの何かね，みんなそれこそ主体的にいろいろcreativeな創造的なね，ところでね，何かいろいろこうやっていくことが主体性につながるんじゃないでしょうかね。だから僕もこれがどうなっていくかね，僕もわからないわけで…」

⑥職場の話：その後，病院実習のこと等が話され，Aさんが特に話す。ファシリテーター，コ・ファシリテーターは黙って聞いている。

⑦Aさんが進め方を提案：終り頃になって，Aさんが『悩みとか問題を1つ1つみんな出して，1つ1つ片づけていくようにしたら』と提案すると，Cさんが同意する。ファシリテーターはそれについて何も意見を言わずちょうど時間になったので次のように述べる。

「一応よろしいですか（Aさん「ハハ」）。ではまた明日もう少し話し合ってもね。ではあのまあまあそれほど機械的ではないですけど，一応時間のワクだけくらいがまあ制限で，最低限の土俵でですね，後は非常に，あの自由ですけど。それじゃ一応終りましょう。」

〔ファシリテーターの感想〕　**魅力度5**　ファシリテーターとしては，できるだけ自発的な動きをして欲しいと思い，静かに成り行きを見守っている。ほぼ全員が自発的に発言していることに満足する。しかしDさんが発言しないこと，Aさんがこのような自由な形式に不安をもっていること，沈黙がないこと，

あまりにも簡単に『主体的にやろう』との声が出ていることが気がかりである。

〔メンバーの感想〕 魅力度 5.10（0.54） 落ち着いていて安心感がもてる（Aさん），課題が出ない場合は，ファシリテーターから助言して下さるのか？（Bさん），黙って待つのはつらいのでは（Cさん），存在感がなかった（Dさん），良かったと思う（Eさん），グループの雰囲気を緊張させないように，メンバーそれぞれが主体的な意見を述べるようにしている（Fさん），静かにみんなの意見を聞いている（Gさん），落ち着いた雰囲気はよい（Hさん），時々ファシリテーターの方も話してほしい（Iさん），もう少し討論の方向に助言を与えてほしい（Jさん）。

■第2セッション（2日目の朝）：テープが気になる→進め方はこれでいいのか→職場での人間関係の難しさ→ティータイム→次々と職場の話→次は外でやろうよ

〔動き〕 ①テープが気になる：ファシリテーターが部屋に用意されているお茶とお菓子は自由にしてよいことを話すとさっそくお茶が入る。それが一段落したところで，第1セッションの最後に進め方を提案したAさんにBさんが水を向ける。するとAさんは『テープが気になり発言できない感じがする』と語る。それに対してファシリテーターは次のように述べる。

「テープはね，このテープでもって皆さんを評価するとかそういう意味ではなくって，アノーまあある意味ではこんな1週間の研修をやるのは初めてですし，特に我々にとってね，アノーそいでまあグループの前後にあの調査をやったのもそうですけど，グループがどんなに進んでいくのかとかね，それからグループがどういう意味があるのかということをやっぱり明確にしないと，ただやみくもに研修だけやっててもあの仕様がないということで，そういうあの研修がより意味のあるものにするといいますか，そのための1つの手がかりとしてということで，あのなんかこのことで誰か特定の個人をどうこうするとかね，そういうことは全くなくって，1つのそういういいグループをさらにつくっていくための手がかりとしてもう1度聞きなおしたり，あのそれを聞きながらいろいろこうしたらいいんじゃないかということを話し合ったりして，そういう材料に，材料にするつもりですけれども…」

しかしAさんは『言ったことが消せないから』とやはり気になっていることを述べる。

②進め方はこれでいいのか？：やがてJさんが『討論が自分達の自主性に任されているが，その方向がこれでいいのかと不安だ』と述べたことをめぐり，Cさん，Fさんが応答する。ファシリテーターは黙っている。

③職場での人間関係の難しさ：そのうち職場での人間関係（医師との関係，主任や婦長との関係，同僚との関係，患者との関係）の難しさを各メンバーが一生懸命に語り合う。ファシリテーターは全く発言しない。

④ティータイム：職場での話の途中に事務局からの食物の差し入れがあり，ティータイムとなる。その間にGさんがやはりテープのことを気にしている発言をし，ファシリテーターは『秘密は守られる。』ということを強調する。

⑤次々と職場の話：その後厳しい勤務体制，産休のこと，組合のこと，老人病棟のこと等が次々と語られる。特にEさんは精神科看護のことを30分あまり話す。ファシリテーターは，Eさんから精神科のことで名指しで同意を求められた時に一度だけ肯定の発言をするのみで，他は黙っている。グループには時々短い沈黙が起こり始める。

⑥次は外でやろうよ：終り近くなって，『次のセッションは外でやろう』との提案が何人かのメンバーから出る。しかしどこでやるのかがなかなか決まらない。それでファシリテーターが，『いったんここに集まってから移動しよう』と提案し終わる。

〔ファシリテーターの感想〕　魅力度5　　ほとんどthere and thenの話であり，話がのりにくく，黙っている。ともかく全員が発言していることは満足である。Aさんが，テープのことで『今日は黙っておこう』といったのに，後半は出てくれたことは嬉しいが，やはりスッキリしない様子でいること，Tさんも何かスッキリしない様子であることが気がかりである。

〔メンバーの感想〕　魅力度5.00（1.00）　　今で十分である（Aさん），時々口を出して下さるようだけど，話の成り行きに任せてあるようだ（Bさん），何か話してほしい（Cさん），無記入（Dさん），良く分からない（Eさん），特になし（Fさん），おだやかな表情で意見に耳を傾けている（Gさん），別に（Hさん），こちらから声をかけないと何も話してくださらないので気になる（Iさ

■第3セッション（2日目の昼）：どこに行こうか→海岸にて→部屋にもどるが沈黙がち

〔動き〕　①どこに行こうか：いったん全員が集まりどこに行こうかを話し合うが，この土地に詳しいファシリテーターが情報を提供し，結局海岸に出ることになる。

②海岸にて：海岸の芝生のあるところで丸くなって座ったり寝ころんだりする。Cさんがしきりにファシリテーターにリードを求めるが，ファシリテーターは『主体的に』ということを話すのみで，実際にはリードをしない。すると順々に自分のことについて簡単な話がなされる。その際ファシリテーターとコ・ファシリテーターはとばされ，Aさんはしない。次に職場の話となるが，ファシリテーターはウンザリしながらも黙ったままでいる。その後，グループが一緒になって何かを話すという状態から，数人ずつがそれぞれ勝手にボソボソ話すという状態になる。しばらくしてみんな立ち上り歩き始めるが，時々立ち止まりやはり数人ずつあちこちでボソボソ話す。ファシリテーターも数人の人と少し社交的な話をする。

③部屋にもどるが沈黙がち：セッションの終了予定の15分前に部屋にもどるが，沈黙がちであり，ファシリテーターも発言しない。

〔ファシリテーターの感想〕　魅力度2　　Cさんがしきりにファシリテーターにリードを求めるが，主体性ということを話すのみで，実際にはリードをしない。このセッションは場つなぎ的話と沈黙で終始し，抵抗が起こっていることを感じる。かなりの不満がコンデンスされつつあるようだ。このような dead rock にあって，ファシリテーターが手を出すのは簡単だし，そうすることでまとまるとは思うが，今回は久々の natural stayle でやっているため，ぐっと我慢して，自主性が出るのを待っている。

〔メンバーの感想〕　魅力度3.70（1.55）　　無記入（Aさん），動きがわからなくなる（Bさん），御苦労様です（Cさん），どういうことをする人かなあ（Dさん），大変な仕事をする人だと思う（Eさん），全くグループの自主性に任せて一切口出しせず（Fさん），あくまでグループの自主性を重んじているのが感

じられる（Gさん），何も言わなくても存在感がある（Hさん），せめてグループが沈黙の状態にある時だけでも何か話してほしい（Iさん），討論に加わってほしいと思う（Jさん）。

■第4セッション（2日目の夜）：この場は何だ？→Hさんの「流される」をめぐって→再びこの場は何だ？→長い沈黙

〔動き〕　①この場は何だ？：Cさんが『病室の整理整頓をどうしているか』というテーマを出し，しばらく何人かが応答を続ける。それに対してファシリテーターは次のように介入する。

「4人しか話してませんね。ということで，どうして4人しか話せないんだろうってそういう発想でいくとどうなるんでしょうね，この場合は？」

するとこれをめぐってCさん，Dさん，Fさん，Eさんが応答する。Bさんは『沈黙が続くと重苦しいから話した』と述べる。そのうち，職場での人間関係の話が出はじめる。それに対してファシリテーターは次のように発言する。

「今聞いて思ったんだけどね……ドクターとの関係とか他の人とか患者さんとの関係というのもそれもそうなんだけれども，ウーン，その人間関係というのはこうただ聞いているだけではわかんないわけね，場面が違うし，そういう意味でちょっと答えようがないのが1つと…

それともう1つはね，今ここで我々が1つのこう人間関係を形成しているね。で，我々のここの人間関係，僕とあのここのグループの人の関わりはどうなっているのかって，今ここでの人間関係はどうなっているのかということがちょっと疑問に思いましたね。（少し間）そして今ここでの人間関係だとみんなが共通にみていることだしね，こう関われそうな感じもしてて（少し間）。場つなぎをしなければならない我々の関係ってのは何だろう」

すると『パンフレットの〈看護婦の主体性を求めて〉というテーマとこの場をどのように結びつけていいかわからない』との発言がでたり，実際にパンフレットを取り出して読んだりする人がでる。Aさんからは『主体性をおしすすめて実行に移せば，障害が余計出てくる』との発言も出る。とにかく〈主体性〉ということがかなりひっかかっているようである。

②Hさんの「流される」をめぐって：その後Hさんが職場で流されるという

ことをちょっと語りかけるが，他の話題（主体性論）に押し流されそうになったのをみてファシリテーターは介入する。

「えっとあの今，そのことに移る前にちょっと気になってたんだけれども，あのＨさんが何か自分は流されるということを言って，そしてみんなで考えましょうやという声が出て，その流れにのってたのね，僕の心のなかで。そしたらそれとその脈絡と全く関係なしにポンとＪさん（笑い）に飛んじゃってね，何か非常にこう奇異な感じを受けたので，あの，まあそれはそれで通っちゃったんだけど，何かこう流されないようにってんで言っている（笑い）Ｈさんがよ，そういう形で流されたんだけど（笑い）…。」

その後Ｈさんをめぐって応答が行なわれ，ファシリテーターも何度も発言する。

「本当，本当は何を言いたかったのかな？何か単なるね，みんなの主体性論によ，ただ寄与するためだけに言ったんですか，それとも何かこう自分のなかで本当に何かね，流されない自分というのを何か自分でこうしっかりしたいというそういう気持ちがあって出したのかな？」

「僕が感じたのは何かこうあのＨさんにとって，自分にとっての主体性がね，今ね，何かゆれているみたいで（Ｈさん「ええ，自分でもまだですね」），だからそういう意味で一般論でここでね，主体性はこれですと言われたことで，何かそれでどうなるわけでもないし，何かやっぱり事実としてね，主体的な自分を何かこうつくっていきたいということなんではなかろうかと思ったの。だから一般論として主体性論に移っていっても何らＨさんにとってね，益するところがないんじゃないかっていう感じがしたの。」

Ｈさんのことと関連して主体性論にこだわるメンバーに対しては次のように発言する。

「何か一般論にしちゃうとね何も意味がないと思うの。だからそのあのね，ＣさんなりＦさんがねそれ感じているとすれば，それはそれとしてあなたたちの自分の問題としてここでやっぱり自分の主体性がないと思うんだったら，それをこうみんなに提起してね，自分はどうしてなのか，自分はどうしようとしているのかという形でね，やっぱり関わっていかないと，あのこうテーマとしてというんじゃちょっと意味がないんじゃないかね。」

再びHさんに向かって次のように述べる。

「今このことをここでね何かこう自分の主体性ということを掘り下げていけ，まあ今のところ何かちょっといけてないけども，これは自分の側の何かこう壁ですか，それともここの我々のグループとしての壁ですか？」

「まああのその何というかな，過去に何があったかそれはわかんなくて，でもまあ大切なことはね，何かやっぱり今からこうHさんがね，流されないことが大切なので，そういう意味では何かここでのこの今回のこのグループのなかでね，流されないということも何かこうやってみるっていうかな，まあ職場ではまたこういつもいつも流されないわけにはいかないから流されたりするかもしれないけれど，少なくともここではこう何かこうね，僕の感じではHさんに対して別にこうあの何というか何ら悪意をもっている人もいないと思うし，Hさんもね，流さないとこうこちらの身が危ないからあいつ（笑い）をけおとしてやろうとはしないわけでね，そんな人もいないわけだからそういう直接的な利害関係がねからまっている人いるわけでないし，そういう意味でのこの場ではね，何かこう流されないようにがんばったからといって，何か起こるとかそういうマイナスがね生じるとは思わないから，少なくともここ（Hさん「そうですね……」）」

③再びこの場は何だ？：しばらくすると再びグループの目的は？，この場は何だ？ということが問題になり，パンフレットを読み直す人もいる。それに対しファシリテーターは少しイライラした気持ちで次のように述べる。

「ここで法律の解釈をするようなことをしてもあんまり意味がないんじゃないかなっていう感じがするんだけど。例えばね，恋愛についていくら語っててもよ恋人はできないわけでよ，やっぱりやらにゃあだめだっていうかこう実際ね。そういう意味でこの研修もね，研修についていろいろお話していても，なんかあんまり恋愛についてお話しているようなもので意味がないんじゃないかな。大体わかるようなわからないような感じでボヤンとしてて，あとそれくらいでいいんではないですか。それをいくら煮つめてここで話し合っても何も出てこないんだもん。（パンフレットのなかには）ただ文章しかないんだからね。」
（少し間）

それとそこでさっきから，看護，人間関係，それから主体性と3つの言葉が

そこで出ているけど，ある意味でここの今我々のこのグループそのものが人間関係でしょう，それから看護婦でしょう，で主体性ということを問われている場でしょう。ということは全部ここのなかにその目的が入っているんじゃないですか，この我々のこの12人の歴史のなかに……我々が歩いた後にこう何か残るんですよ。」

　これに対してメンバーから『ウーン，そうかなあ』とか，『歴史をつくりましょう』といった発言が出る。

　その後Aさんが『病院に帰ってから研修のことをどう報告するか』と発言し，しばらくこの話となる。ファシリテーターは次のように話す。

　「あの何と言うかな，最終的な期待として願わくば何かこう何て言うかな，この私を見て下さいと言えるようになってほしいなという期待がありますね。何がありましたか，と言われた時，この私を見てください（笑い），これからの私を見て下さい，行く前とあのね帰ってきてからの私との違いを見て下さいと言えるようになってほしいですね」

　これに対しAさんは『そんなに言いきらん』と述べ，Fさんは『これで自己改革がされると聞いていたので何とかここで自分を変えなければ』と発言する。

　④長い沈黙：その後沈黙が14分間続き，ファシリテーターの「9時半ですね，そいじゃ」という言葉で終る。

　〔ファシリテーターの感想〕　魅力度5　　自然な流れ（場つなぎ）にファシリテーターがしびれを切らし，Hさんの発言にひっかけて，ついに初めて介入らしい介入を行なう。また，このグループが研修の目的そのものの場であるとやや説明的に話す。しかし，here and now がまだ本当には理解されていないようだ。やや重苦しい雰囲気のままに終る。

　〔メンバーの感想〕　魅力度4.60（0.84）　　無記入（Aさん），役目が分かりかけてきた（Bさん），促進係の役目を果たして下さり，何たるかの原点にかえれた（Cさん），助言の意味が分かるようになった（Dさん），適当だと思う（Eさん），無記入（Fさん），適切な助言をされ，グループの流れをみつめている（Gさん），メンバーと共に意思表示されると雰囲気が盛り上がる（Hさん），討議内容がそれていたりする時は，今回のようにアドバイスをして欲しいと思いました（Iさん），無記入（Jさん）。

■第5セッション（3日目の朝）：沈黙→Eさんの「私はいい子ぶっているのでは？人を傷つけるのでは？」をめぐって→わりこみとズレ→Fさんの「職場での問題」をめぐって

〔動き〕　①沈黙：初めからおよそ20分間はほとんど沈黙となる。その間にファシリテーターはトイレに行き，部屋にもどってから1度次のように発言する。

「スッキリした顔になってきたというか，ちょっと行くべきところに行ってなかったので…」

②Eさんの「私はいい子ぶっているのでは？人を傷つけるのでは？」をめぐって：やがてEさんが，『私はいい子ぶっているのでは？人を傷つけているのでは？』と発言し，他の人からのフィードバックを求め，何人かが応答する。ファシリテーターは司会者的に次のように述べる。

「Eさんに対してどう思っているのかということを何人かが言ってて，どうでしょう，まあ聞いていない方もあるんだけれども（笑い），せっかくだから言ってあげたらどうでしょう。彼女が聞きたがっているから…」

すると何人かの人が，『そうは思わない』との発言をする。そのうちEさんは，『私が話すと尻切れトンボになることを感じて，私が水をさした，いい子ぶったのではと思った』と語る。

その後，Iさんが第4セッションのこと（ファシリテーターが「4人しか……」と介入した後，Cさんが発言している途中でEさんが『病室の整理整頓の話は，今回の研修テーマからズレていると思い，話せなかった』と発言したこと）を取り上げ，『ひとしきりしてから言ってほしかった』と（初めて）否定的感情の表明を行なう。するとEさんは発言の動機を説明しようとする。それに対してファシリテーターは次のように話す。

「いや，それ，それはいいんだけれども，今ね彼女（Iさん）が言ったのは，言うタイミングなのね，そこを考えてほしかったと言ってるんよ。言ったことが悪いと言っているわけではないわけ」

するとEさんは，『私もその後で人を傷つけているんじゃないかということを気にした，それで聞きたかった』と語る。それで，ファシリテーターは次のように確認の発言をする。

「まさに今のは傷つけていたんですね」

その後しばらく応答があってから，Eさんは，『それを聞いて少し肩の荷がおりた，どうにかしてしこりをとりたかった』と述べる。すると，Aさんは，『私も傷つけられたと思っていたから，そっちが言わなかったら私が言うかもしれなかった』と語る。さらにCさんは，『その時はドキドキだったんですよ』と述べる。このことが一段落したところで次のように言う。

「次に何が聞きたいですか？」

するとEさんは『みんな聞いたみたい』と答える。しかしHさんがファシリテーターとコ・ファシリテーターを指して，『その辺が聞きたい』と発言する。それで，まずコ・ファシリテーターが次のように述べる。

「いい子ぶってるということについてはですね，いい子ぶって行動はしてなかろうと，ないと思うんですね，しかし結果が何となくそんなことになってきているようなところがあるのかなあという感じを受ける……」

「私は傷ついていません」

次にファシリテーターが発言する。

「僕はあのいい子ぶっているという感じを非常に強く受けますね，僕の印象では。で何かこうどんなところから感じるのかわかんないんだけども，1つは何かね僕のあの何というか発言にまあよく言うと非常にねよくついてこられている，悪く言うと何か僕の発言のしり馬にのってこられている感じというのがあって，そいでそういう意味でね，何かこう僕が言うと，そうだそうだという形で，僕が1くらい言うとそれを拡大機でもって（笑い）……だからそのへんがねあの何というか，まあそれはもしかするとFeelingが合うせいかどうかわかんないけど，あるいは考えがね合うせいかどうかわわかんないけど，何かこうどうもあの僕にとってはちょっといい子ぶってる感じがしてました。1つね。

それと，それと何故だかウーンEさんが話されると切れるんよね，何かこうみんな話せなくなっちゃって沈黙になってしまう，そこも僕も何故，何だろうと思って，1つはね何かこうあんまりにもかっこよくパッとこういい子ぶってまとまっちゃうのであと言いにくくなるというか，まあ模範解答みたいな（笑い），あとこうもうちょっとこう本音のところのね何かドロドロッとしたこうようまとまらんところを言えなくなってしまうって感じ。パチッとこうでしょう，

そんな感じがしてましたね。

　それともう1つは何かEさんが話すとイライラしてしまうのね，イライラってのが何かね，あのこちらが一言くらいしゃべる時に三言くらいパッパッパッとね（笑い）返ってきてね，何かもう何ちゅうか，耳ざわりな感じってかね，あのポイントをパッと一言二言で言ってくれればすむところを1ぐらいのことを言われるのに10くらいをパーッと言ってね，最後に1くらいをパッとまとめて言われるところがあって，まどろっこしいというかね，そのへんがちょっとイライラさせるんだろうと思う感じがしていましたね。…」

　ファシリテーターが話している途中でEさんが何か発言しようとするのを押さえて，さらに次のように述べる。

　「いやもうちょっとね（笑い），そうそうそう，今みたいなところね（笑い）パッと取られてしまう（笑い）…言いたいことは3つくらいだけどよ，やっぱ流れがあってよ，心のこちらの区切りがつくところまでいかしてもらってよ，そしてこうそちらが応答されないと，まあこちらが流れているところを切られるとね，何かこう何かトイレにいってね（笑い），出きらない（笑い）ようなあんな感じで気持ちが悪いんね」　これに対しEさんは，『私いい子ぶっていたと思う。この時にファシリテーターが何かを言ってくれたらと思うのに言ってくれないのでついつい言っていた。それで少し不満だった。』と話し，さらに『テープも気になってたし，それ以上にファシリテーターが…』と語る。その後少し応答があった後，『私もおってもいいんだなあ，居心地が少しよくなった』と発言する。

　③わりこみとズレ：しばしの沈黙の後，Cさんが『心を開く努力はどうしたらできるか？，私はみんなに心を開いてなかったというのをすごく感じる』と語り始め，Eさんが何回か質問をする。ところがこの途中Fさんが，『いいですか，私も言って…』とわりこみ，自分のことをとうとうと話しはじめ，Eさんはじめ何人かのメンバーがこれに応答する。　Fさんに対しBさんが，『FさんとEさんのことを聞いていたら，責任と義務というのが2人に共通するみたい』と発言する。するとFさんはこの直後に，『他の人の意見も聞きたい。私について感じたことを言って…』と述べる。このいきさつに対してファシリテーターはFさんに次のように話す。

「それね，今ほらＢさんが言ったわけ，そのそういうあなたに対しての感じを。そうして言ったにもかかわらず，何か全然それが受け取られないままにね，他の人は私に対して感じていることを言って下さいという具合に言われる。そうなるとこっちは立つ瀬がないね（笑い）…だからＢさんが言われたそのことについて考えてみたらどうですか。そしてそれがね一段落したら他の人に回ってもいいけどね。」

　その後Ｆさんは，『私気負いすぎているところがある』と発言し，Ｂさんとかみ合わないのでさらにファシリテーターは次のように話す。

　「Ｆさんがね，こう言ったことに対してＢさんがそれは責任性とか義務感とかいうことが非常に強いんじゃないかという形であのこちらの受けた感じを言ってるわけ。それに対してね，それをこうかみしめてそして，いやあそういえばそうあるという具合にこう言ってくれればいいんだけども，そうじゃなくってね（笑い），問いかけたのにね，私は気負いがあるんですよということで何というかこちらから言われたことと全く別のレベルで応答されている感じなわけね。だからそうすると話ができないというか，だからできれば何かこうせっかくね言ってるので，その点はどうですか，自分をふりかえって，責任感，義務感という意味では…」

　するとＦさんは，『それは強く感じている』と答える。

　その後Ｃさんが，『私のことを話していた時，Ｆさんが私もという形で出て，流されたという感じがした』と不満を表現する。これを聞きファシリテーターはＦさんに次のように話す。

　「僕それをものすごく感じてたんです。……僕の感じではあの時わりこみって思ったの（笑い）……それからさっきのＢさんのこと……何かこうその場の状況を正確にキャッチせずに，何かこう自分のなかでひらめいているこちらのワク組みでこうねあの応対していく，そこのところが対人関係を非常にまずくしてるんじゃないかな…」

　これをめぐってグループではしばらく応答が続く。ひとしきりしたところで今度はファシリテーターはＥさんに次のように話す。

　「もうちょっとね。（Ｆさんに）何か関わりたいんで，その前に忘れないうちにちょっとだけ。さっきＥさんがＣさんと話しててよ，で，で彼女（Ｃさん）

が何か一生懸命応答してくれているわけ，そしたら彼女（Fさん）がちょっとわりこんできたらよ，そしたらもうスルッと手のひら返したみたいに（笑い），何か困るじゃない，ねえ何かねえこちらねえ何かこう言っているのにスルッとこう…」

これに対しEさんは，『ズレたのは気づいていたが，どうしたらよいかわからなかった』と答える。そこでファシリテーターは次のように言う。

「一言いってもらうとね。何かいまCさんと話していて聞いていたんだけど，ちょっとこうFさんが話し始めたので，あのFさんと話してもう一度帰るからねとかよ……」　「そうね，気にかけているからって言えばね，こっちもね何か待てるし。黙っておられると何かね，見捨てられているような（笑い）…」

④「Fさんの職場での問題」をめぐって：わりこみとズレのことが一段落したところでファシリテーターは次のように発言する。

「それじゃ，何かね（Fさんのことに）またもどりましょうか。あのCさんのことは覚えていますけど（笑い）。」

その後かなり長い間，Fさんをめぐって応答が続けられる。しかしファシリテーターは特に発言せず，見守っている。そして終りに次のように述べる。

「ちょうど時間があれなので，できればいったん切ってね，午後でも何かこうね，何かこうあのFさんにとって重要なところでね，それにこうもうちょっとみんなもさらに関われるんではないかと思うけど，一応あのFさんのことここで一応，昼食時間だしね。」

〔ファシリテーターの感想〕　魅力度6　前セッションまでは自己紹介的なこと，職場でのこと等あまり抵抗なく話せる表面的なことをとにかく一通り話し尽くすという意味での"あくぬき"であったが，このセッションよりエンカウンター・グループらしい感じになってきた。また，ある程度のグループとしてのまとまりが出てきたように思う。ファシリテーターとしては相当に介入しているが，きっかけをつくるところまでで，後はメンバーが進めている。Eさんに対し厳しいフィードバックをしたことがちょっと気になるが，自我が強そうだから大丈夫とは思う。

〔メンバーの感想〕　魅力度5.80（0.63）　理解できるようになった。また，的を得ていられる感じ（Aさん），セッションの進め方について分からせていた

だいた（Ｂさん），流れの促進をされていて，グループが徐々にうまくいっている（Ｃさん），一言のアドバイスで示す意味がよく分かってきた（Ｄさん），今回みたいにこれからもしてほしい，非常に良かった（Ｅさん），促進者としての役割をはたしている（Ｇさん），会話の流れ，変化，要点をみつめている（Ｈさん），すばらしいと思います（Ｉさん），グループ員の感情の流れ，意見をよく聞いておられる（Ｊさん）。

■第6セッション（3日目の朝）：再びＦさんの「職場での問題」をめぐって→Ｃさんの「心を開く」をめぐって→Ｃさんの子どものこと→休憩→Ｂさんの子どものこと→のれていないＪさんに焦点

〔動き〕　①再びＦさんの「職場での問題」をめぐって：昼休みにお金を出し合って買ってきたみかんを食べるのが一段落したところで，ファシリテーターが次のように切り出す。

「さっきはね，Ｆさんの途中（Ｆさん「はい」），どうですか」

その後Ｆさんが再び職場での問題を語り始める。ファシリテーターは何度も，熱をこめて状況を明確化する発言を行なう。

「がんばればがんばるほど裏目裏目なんよね。教務ががんばらなければね，向こう（臨床実習の現場）もそんなに反発せんでいいけど，現場がだめだから私達がというので教務がこれくらいがんばるとこれくらい反発がくる。だから不信感で何か非常にもったいないね，それだけのエネルギー費やしてね，お互いに相互反目し合うためにしか働いていないんだもんね，力が。」

他のメンバーからも応答がなされる。さらにファシリテーターも何度も発言する。　「あの何かちょっとあの僕とＡさんが言ったのは，ある意味でこうあのやっぱり関係がうまくいく時はね……対等な信頼関係とそれから仕事ができることとその2つがそろうと大体うまくいきますね…」

ひとしきり応答が続いた後，「じゃ，まあまあこのくらいでいいかな」とファシリテーターが聞くと，Ｆさんは『さっき（第5セッション）Ｅさんから質問された時よりスッキリした』と述べる，それでファシリテーターは次のように述べる。

「そうね，考えといてまたね，こうもうちょっとこうまとまって言いたいと

いう時にまたね言ってもらっていいし…」

　②Cさんの「心を開く」をめぐって：その後ファシリテーターはCさんに次のように話す，「そいじゃ順番みたいでいけんのだけど（笑い），座りなおして……」

　するとCさんは『整理がついてないから』と言い，沈黙が50秒続く。そこでファシリテーターは次のような発言を行なう。

　「さっきは何かこう心を開くということが何かちょっとね（Cさん「はい」）……あんまりそれは切実ではないのかな」

　「初めて今回ね，こうやっているうちに何かその点がバーンとこう自分にとって見えてきた（Cさん「そうですね」），それと現実生活のつながりはちょっと今のところ何か言えないんだけども……」

　「今ここで，今ここではCさんとしてはこうかなり心を開けている感じ？（Cさん「はいそうですね」），職場なんかに比べるとね（Cさん「そうですね」）…」

　その後メンバーからの応答が次第に増えて，しばらくファシリテーターは黙って耳を傾ける。しかし，やがてまた発言する。

　「相手の人もの足りない感じね，言ってそしてノーという感じがあるにもかかわらず，その時ノーと言わずに後でヤンワリ言われるよりもね，その時こうノーと言われると，言われるとこっちもそれを聞いてまたこうパッと言いたいことが出てくるということで何か言う，そういうことでね，何かこうふれあいながらこうワッサワッサやりよると何かこういい方向が見えてくることがあるしね，何か話がこう，ぶつかりあいながらこう何か見えていくという具合にいかずに，こう言うとワンクッションこうって感じなんで，相手の人はたまらんやろうね。だからといって全部じゃないけど，ある一部の人はね。」

　その後，コ・ファシリテーターも2回Cさんに確認のための質問を行なう。メンバーからの応答も行なわれる。ファシリテーターはさらに発言を行なう。

　「何かちょっとあんまりにもこう極端すぎると，何かこう本当両方ともちょっと何かこう職場の方もねもうちょっと歯ごたえがないとかこう何というか，こう骨とかそのへんをこう感じないというそういうことにつながるかもしれないし，家は家で何かねその反動でもって何かこうちょっとこう他の人達が迷惑をこうむっているかもしれないし，もうちょっと足して，こっちとこっちをね

足して2で割ったあたりで落ち着くと両方ともいいのかなあと思ったり…」

　その後さらにメンバーからの応答があり，それが一段落したところで，Ｃさんは，『自分のことを考えるきっかけができた』と語る。

　③Ｃさんの子どものこと：前のことが区切りがついたところで，Ｅさんが，『あと1つ聞きたい』と言い，Ｃさんの子どものことを質問する。それでしばらく子どもの話，親子関係の話となる。雰囲気はリラックスした感じである。ファシリテーターも時々発言する。

　「さっき直感的にピーンときたのはね，子どもが登校拒否になりそうなお母さんだなってピーンと（笑い），僕のこれまでの臨床経験からいくとね。」

　「けどもあのねさっき言った服装ではあの男みたいな感じ（Ｃさん「そうです」），それはある意味でやっぱりお母さん拒否ですけどね（Ｃさん「アハー」），普通大体子どもはねお母さんをみてこう女性性を獲得していくわけね，それを拒否しているということはお母さんに対する拒否なんですよね……」

　「ちょっと何となく危機を感じるのでね，あのね子どもとよく接触して下さい（笑い）」

　④休憩：前のことが一段落してからザワザワしはじめたので，ファシリテーターが「休憩時間でも取りますか？」と提案し，しばらく休憩となる。

　⑤Ｂさんの子どものこと：やがてＢさんがファシリテーターに子どもの兄弟関係についていろいろ質問するので次のように述べる。

　「男の子同士ってそんなものですよ，ケンカしてまたケロッとしてて，またケンカするという…」

　「お兄ちゃんだということを強調すればするほど何かこう下の子と対等にこうやりたがるという悪循環があるのかも…」

　「客観的にみると平等に扱っていてもね，子どもの方がこう感じ方としてはね，えらくこう下の子どもばかりかまわれているとそういう感じがして…」

　このような形でファシリテーターとＢさんのやりとりがしばらく続いた後，次のように述べて，他の人からの発言を求める。

　「何かあの僕だけでなくて他の方も子供さんがおられたり…」

　その後何人かのメンバーの発言がある。やがてＢさんは，『時間が経過してからまた考えてみたい』と語る。

⑥のれていないJさんに焦点：約2分ほどの沈黙の後，ファシリテーターはJさんに話しかける。

「あの午後からのセッションでね，Jさんがちょっとのりにくいのかなあっていう感じを受けてたんだけど，どんな感じかな？」

「その後しばらく2人でのやりとりが続く。ファシリテーターは次のような発言を行なう。

「ウーン，やっぱりこうなんかね，あのね自分の描いてた研修会のイメージと違うんで，こんなのが研修会だろうかってそういう感じがありそうな感じを受けていたんだけど…」

「主体性というかね，それはあのそういう理論学習という形で，主体性についてのね理論を学習するとかそういうまあ理論学習，概念学習というそういう学習もあるし，まあ今回は理論学習ではなくて体験学習ということで，このなかでね自分の主体性を育てていくという……ある意味で主体性という言葉さえもこう何か意識化しないかもしれないけど，主体的にやっていくようなそういう体験学習になっているわけね。そのへんでこう求めていた理論学習ではなくて，というところでちょっと期待はずれというか，ちょっとこうあれかな心の切りかえがどうもうまくいかんというか（Jさん「そうです」）…」

「乗る汽車をまちがえたって感じかな（笑い），もうこの際あきらめて乗っていきませんか（笑い）」

するとJさんは『期待とははずれたけど，この場でつかめることはつかんで帰りたい』と語る。そしてしばらくして病棟での悩み（外科に移って2ヶ月目だが，忙しく念入りな看護ができない）を話し始める。しかし時間がきたのでファシリテーターはつぎのように述べて終わる。

「時間ですね，時間が来ちゃったので一応あれして，（Jさんに）忘れないですからね，覚えときますから」

〔ファシリテーターの感想〕　**魅力度6**　若干 here and now が混じってはいるものの，大部分は there and then 的な自己表現と自己理解という気がする。しかしグループは大分進行しつつある。ファシリテーターとしては言いたいことはよく話している。

〔メンバーの感想〕　**魅力度6.10（0.57）**　積極的にアドバイスされている

(Aさん), ファシリテーターの助言によって大変その場がすっきりしている (Bさん), 促進係として最大の力を発揮していられる (Cさん), メンバーの深い問題をよく読み取られていると思う (Dさん), 今のまま続けてほしい (Eさん), 流れとは何かをぼんやりとではあるが, 気づかせてもらった (Fさん), 助言も話を円滑に進む方向にもっていかれ, 意外な面を発見 (Gさん), 仲間として感じる(Hさん), グループメンバーの1人1人をよくみぬいていると思います (Iさん), メンバー個人個人をよく見ていると思う (Jさん).

■第7セッション (3日目の夜)：Jさんの「職場での悩み」をめぐって→結婚論に花が咲く

〔動き〕　①Jさんの「職場での悩み」をめぐって：ファシリテーターはJさんに次のように言う.

「そいじゃ何かJさんいきますか」

するとJさんは話し始め, Aさん, Iさん, Cさん, Bさんが応答を続ける. コ・ファシリテーターも次のような質問を行なう.

「思ってはいるけれども, 自分の思っていることを実行に移せないような仕組のなかにいるっていうような感じですか」

さらにメンバーからの質問, 助言等が出され, しばらく応答が続けられる. それが一段落してからファシリテーターは次のように発言する.

「僕の聞いたところでは4つくらいのことをまとめて指摘されたようですね. 1つは日頃のこの関係づくりのなかでそういう基礎的な人間関係をつくっていくこと, それからもう1つが何かこの自分のそういう考えを理解してくれる味方をつくっていくこと, それから病棟懇談会ですか, それから上司との関係をつくっていくこと……それで一応何か自分の目的は達した感じですか, せっかく来た以上はこの際は, みんなから援助してもらうというか, 今のことはもうこれでいいのかね, もうちょっと深く掘り下げて話したいのかな」

するとJさんは,『もういいです, あとは私が考えなけえば』と述べる. しかし, Eさんが,『さっきスタッフのなかに気になる人がいると言ったが……』と再びJさんに焦点をあてたため, さらに詳しいことをめぐって長い間応答が続けられる. コ・ファシリテーターは何度か発言する. しかしファシリテーター

は黙って見守るだけである。応答の合間に，笑いが多く出る。やがてJさんは『相手を立てることが大切でしょうね。今まではそうではなかった』と語る。

②結婚論に花が咲く：そのうち結婚についての話となり，独身者，既婚者それぞれの立場からいろいろな話が出る。たびたび大笑いとなり，場は非常に和やかになる。ファシリテーターも一緒に大笑いをする。そして，ジュースを飲んだりお菓子を食べたりしながら，リラックスした状態がつづく。そのうちファシリテーターへの質問がいくつか行なわれ，次のように答える。

「あのね，いまね独身です（Cさん「今っていったら…」）婚約中です（笑い）」

（オリエンテーションで女性恐怖と自己紹介しており，その原因について）
「失恋でしょうね，しかもどういうわけか看護婦さんから（笑い）…」

その後もしばらく結婚論は続き，笑いも出る。やがて時間も来たので次のように述べて終わる。

「そいじゃね，非常に大切なことでもあるようですけども時間がきたのでね，一応区切りましょうかね。あとは個別的にねいろいろ（笑い），それじゃ。」

〔ファシリテーターの感想〕 魅力度7　ほとんど何もしないでいたが，メンバーがファシリテーター的機能をよく果たしてくれた。グループはかなり自主的に展開したと思う。前セッションまでは手を入れすぎている感じであったが，今回は手がかからなかった。

〔メンバーの感想〕 魅力度6.11(0.78)　落ち着いていられると思う（Aさん），皆がうちとけてきたようだ（Bさん），一員として参加してもらえている感があり（Cさん），どう処理していいか迷っている感じ（Dさん），良いと思う（Eさん），無記入（Fさん），自分の背景等も話され，親しみが増してきた（Gさん），話をまとめる（Hさん），メンバーとしての意見を述べるとともに，役割を果たしているように思えた（Ｉさん），適確な助言をしてもらったと思う（Jさん）。

■第8セッション（4日目の朝）：断続的に沈黙がち→昨夜は私達がファシリテーターだった→ファシリテーターをめぐって→ティータイム→みんな満足しているの？→Hさんの「職場で流される」をめぐって

〔動き〕　①断続的に沈黙がち：ファシリテーターがまず次のように言う。

「それこそ中日というところですね、スモウで言うと」

　その後いくつか話が出るが続かず、1〜2分の沈黙が何回か断続的に起こる。その中でGさんは、『私は妥協で結婚はしたくない』、『すべてを出して言うまでにはちょっと勇気がね』と述べる。ファシリテーターは黙って聞いている。

　②昨夜は私達がファシリテーターだった：そのうち第7セッションでファシリテーターがJさんのことで4つのまとめをした後、メンバーがそれをさらに展開させたことについて話が出る。ファシリテーターは次のように言う。

　「あの時はああしか言いようがなかった、ああ言ってそしたらね何か、予測していなかった思わぬ方向にね、何かこう皆さんがこうずっと展開してもらった。」

　するとEさんが、『私自身納得ができなかったので……』と述べる。Jさんは『言ってもらってよかった』と話す。さらにBさんは、『部屋にもどってから、自分達のやったことがファシリテーターの役目をしたのに気がついた』と語る。

　③ファシリテーターをめぐって：Gさんがよそのグループのファシリテーターのことを取りあげながら、ファシリテーターについて質問をするので、次のように答える。

　「あのファシリテーターといっても何かあのはっきりこうしなければならないとか、こうあの具体的なところまで規制されるものは何もなくって、あのやっぱりこうグループにとってよかれと思う形で自分をあのグループに参加させていくということなので、僕は何か今までやってきたこういう形でここにいることがこうここにプラスになるだろうと思ってこういう形で入っているし、そっちの向こうのグループの人はまたその人なりにこうすることがグループにプラスになるだろうと思ってやってるんじゃないかと思いますね。」

　「まあエンカウンターについてもいろんな考えがあるんだけど、僕の考えているグループではもうあのみなさんがね、今こういう形で体験されてて、あと1回こういうメンバーとして体験されると、あとはねもうみなさんがファシリテーターでこう他の人を集めてやっていくことができるんではないかと思ってて、実際僕のまわりでは一度体験された方なんかがもうファシリテーターをやっておられる方もたくさんいるということで、そんなに難しいことではないと思うんだけど、あの自分の個性を生かして何かグループによかれと思って一生

懸命やりよると何とかね，こうグループの成長力が僕はあると思いますよ。」

この後，コ・ファシリテーターが，『自分はこれまで数回のグループ経験をしただけで，一応今回はファシリテーターになっている』と話す。

その後，『いつのまにかファシリテーターは同じメンバーだなと考えていた』（Eさん），『気にならない』（Gさん），『みんながファシリテーターをする』（Bさん）といった発言が出る。

④ティータイム：やがてお茶が入りティータイムとなる。みかんやお菓子を食べて，リラックスした雰囲気になる。雑談の合間に笑いが何度も出る。ファシリテーター，コ・ファシリテーターも何度も他愛のないことをしゃべる。

⑤みんな満足しているの？：そのうちCさんが，『昨日はずい分みんな参加度が良かったと思ったが，でもみんな満足しているのかなあ？』と発言する。それに対して，『初めより満足度は高い』（Eさん），『初めより徐々にという感じ』（Fさん），『体験学習ってのが分かるような気がする』（Hさん），『しゃべれそうな気がする』（Bさん）等の肯定的発言と，『よく分からない』（Jさん）といった発言が出る。ファシリテーターは黙って聞いており，特に発言しない。

⑥Hさんの「職場で流される」をめぐって：やがてHさんが，再び職場で流されるということについて詳しく語り始め，長時間にわたり他の各メンバーから熱心な応答が続けられる。支持的な雰囲気で，明確化，助言，アドバイスが行なわれる。Hさんは率直に自分のことを語る。次第に明確にはなるが，もう一つ開けないままに時間となる。ファシリテーター，コ・ファシリテーターは特に発言せず，見守っている。

〔ファシリテーターの感想〕　魅力度6　　Hさんのことで，もう少しファシリテーターが介入すれば進展は早いかもしれないとも思ったが，メンバーの自発的動きに任せる。結構メンバーがファシリテーター的機能を果たしていると思う。しかし，ファシリテーターがややしゃべらなさすぎた感じもする。もう少し発言してもよかったか。Aさんが1人だけのれてないようなのが気がかりである。

〔メンバーの感想〕　魅力度5.50(0.97)　　特になし（Aさん），ファシリテーターの方もどのように促進してよいのかつかめなかったのでは（Bさん），リラックスして受け入れることもできるし，気にもならなくなった（Cさん），存

在感がない（Dさん），良いと思う（Eさん），無記入（Fさん），メンバーとして存在が気にならなくなった（Gさん），話を聞いている（Hさん），特になし（Ｉさん），皆の討論の内容をあまり理解できてないのではないか，ただうなずいておられるだけのような気がする（Jさん）。

■第9セッション（4日目の昼）：Hさんをめぐって→窓を開けて一休み→准看の諸問題をめぐって→Aさんの生き様に感動

〔動き〕　①Hさんをめぐって：しばらく沈黙が続いた後，ちょっとした冗談が入る。その後，ファシリテーターが次のようにHさんのことを切り出す。

「午前中ね，あのHさんの話をされてね，僕の理解したところでは，以前何か学生係という仕事をやってて，それ一生懸命何かやろうとしたと，ところが，何かわからないけれども，それでつぶされてしまった，あるいはつぶれてしまったということがあって，そしてまあその後ちょっとこうその場を離れてて今度は同じかまた別か知らないけど（Hさん「別です」），別のところに入ってね，今度また同じ話というか，あの学生係という仕事を任されたと（Hさん「ええ」），で，そして今からどうやっていくかということで，以前みたいに何か一生懸命何かやろうとするとまたつぶされるんではなかろうかという恐れもあるし，かといって，あの以前みたいにやらずにちょっと手を抜いてやってれば，まあそれはそれで何とかなっていくけれども，満足が得られない（Hさん「ええ」）てなところで，今非常にこう葛藤状態にあるっていうそんなこと（Hさん「そうですね」）でしたね……」

この後，Hさんをめぐって応答が続けられる。ファシリテーターは次のような発言をする。

「切実なフィーリング，感じはないけども，状況としては切実なんでしょう…」

「けどもそういう中途半端な自分に対して今のHさんは自己肯定できる感じなのかな」

「そんな状況はやっぱり他の看護婦さんはまあここにいないわけだから，まあそれはね他の看護婦さんということよりはむしろHさんがよ，自分としてそのことで非常にこう何か自分がのびのびできない感じだとかね，できればHさ

ん自分にしぼって話してくれた方が…」

　他のメンバーからも熱心な応答が続けられる。しかし，どうもノラリクラリした感じで焦点が定まらず展開していかない。そこでファシリテーターは次のように言う。　「話しててちょっと気になってきたんだけどね，いや気になってきたというのは，いろいろこっちが聞いて，話してくれてるという形で進んでいるんだけども，こういう形でみんなが聞いて話すことがHさんにとって何かこう意味がありますか？」

　Hさんは，『ただ事情を説明しているだけ』と語る。これに対しEさんから『私はイライラしてきた。あなたはすでに結論をもっている感じ』との不満が出たりする。　するとHさんは，『私は結論を出していて，くどくど言っているが，そういう自分が問題だと思う』と語る。そしてさらにHさんをめぐる応答が続けられる。但し，ファシリテーターはHさんに対しては特に発言しない。次第にHさんの側の原因や問題に焦点が当てられ，かなりはっきりしてくる。グループとしては進んでいるという感じになる。そのうちHさんは『やらなきゃ自分自身が救われないという気に』とか，『気持ちがゆったりしてきた』と語る。途中からグループでは和やかな笑いがよく出るようになっている。やがて一段落の雰囲気になる。

　この一連の応答の途中まで寝ていたAさんには次のように語る。

　「昨日まではね，いろいろと発言が，でもあの今日はのれないという感じを受けてますけど…」

　するとAさんは発言を始め，Hさんには『結婚したらしっかりなっていくと思うよ』と述べる。

　②窓を開けて一休み：Hさんのことが一段落してから3分ほどの沈黙が続くが，Eさんが『暑いですね』と言ったのをきっかけに，窓を開け，お菓子を食べながら一休みということになる。その間にCさんからエンカウンターグループの組織のことを聞かれ，ファシリテーターは次のように答える。

　「あの研究会がね，日本全国でいくつかあって，例えば今回来ている我々の福岡人間関係研究会というそういう研究会がね，あの村山先生なんかと一緒に所属しているんだけれども，それとか，そうだなあ日本全国で十いくつかあるでしょうね，そういう研究会がね，そういう会報みたいなものを出したり，こ

③准看の諸問題をめぐって：Ａさんが，『この話は主体性につながるとは思わないが，今話が出てないようだから……』と准看の諸問題について話し始め，メンバーからの応答が約30分続く。ファシリテーター，コ・ファシリテーターは特に発言しない。

④Ａさんの生き様に感動：Ｅさんが，『Ａさんは病院では円滑油みたいにうまく動いているが，どうしたらそうできるのか』と問うたのをきっかけとして，その後最後までＡさんに焦点があてられる。Ａさんに対して，『包容力がある』（Ｅさん），『非常にやさしいところをもってらっしゃる』（コ・ファシリテーター），『年をとったお母さんという感じ』（Ｈさん）等の肯定的発言が次々と出る。

するとＡさんも自分の人生観，これまでの苦労話，御主人のことなどをわかりやすく，時には面白おかしくエピソードを交えつつ語る。グループにはしばしば大声で笑いが起こり，また感動的な雰囲気にもなる。そして何人かのメンバーから『身近に感じる』との発言も出る。

ファシリテーターは全く発言はしないが，非常にリラックスして，何度も大声を出して笑う。コ・ファシリテーターは何回かＡさんに対し肯定的な感情をもっていることを伝える。

〔ファシリテーターの感想〕 魅力度7　ファシリテーターはＡさんのことをちょっと整理しただけで，後は黙っている。ファシリテーターということをあまり意識しなくても，グループは動いている。グループのまとまりがグッと高まっている。Ａさんの話を聞き，近く感じる。

〔メンバーの感想〕 魅力度6.50 (0.71)　理性的で感心する（Ａさん），無記入（Ｂさん），流れにのっておられる（Ｃさん），グループの一員としてしか感じない（Ｄさん），良いと思う（Ｅさん），無記入（Ｆさん），気にならぬ存在（Ｇさん），あたたかさ（Ｈさん），役割を上手に果たしていると思う（Ｉさん），特になし（Ｊさん）。

■第10セッション（4日目の朝）：沈黙→この研修は看板に偽りあり？→エンカウンター・グループへの質問→再びこの研修は看板に偽りあり？よそのグ

ループでは…→小休憩→沈黙→何か変な感じ→コ・ファシリテーターへの質問→ファシリテーターへの質問→よそのグループの人は…→沈黙について→Ｄさんの生き方に感心

　〔動き〕　①沈黙：６分ほどの沈黙が続く。それを破りＣさんがＧさんに，『何かいいたいのでは？』と問うが，Ｇさんは，『いいえ，そうでも』と答え，再びしばらく沈黙となる。

　②この研修は看板に偽りあり？：やがてＪさんが，『今までやってきて考えてみると，今回の研修のテーマは誤解を招く』と発言する。それについてファシリテーターは次のように話す。

　「話されてきたことは人間関係とか自分ということだけどね，それを話していく時にこう主体的に話してきたというか，ある意味でね，講義なりということでね，こちらが受身的に何か人間関係とか何かについてということではなく，我々が参加者が主体的にそういうことをやってきたということ自体はやっぱり看護婦の主体性というかな，ということにつながるんではなかろうかという感じがするから，あの偽りありとは思わないんだけれども…」

　その後しばらく応答が続くが，Ｊさんは何かスッキリしない感じである。

　③エンカウンターグループへの質問：Ｃさんがまず『エンカウンターグループは辞書を引いたら出てくるか』と問うので，ファシリテーターは答える。次に，『こういう集まりではとりとめのないことを話していいのか』と問うので次のように答える。

　「みんなのグループ，大体こうやりたい方向に向かって進むわけだから，みんなが無理のないところで，このへんでということで何かこう意識的，無意識的に，するとそのへんの話が続くし，やっぱりそのところ出にくくなったら，また違った話になっていくし，だからあらかじめ決まっているというよりも，こう集まってここで合力みたいなもので決まっていくという感じがしますね。」

　しかし，Ｃさんはしばらくして。『さっきの話ではまだよくわからない』と言う。

　④再びこの研修は看板に偽りあり？：Ｊさんが再びファシリテーターに質問をするのでファシリテーターは水泳のことを類比的に取り上げながら，前と同じことをさらに詳しく説明する。他のメンバーもＪさんに応答する。しばらく

して，Jさんは，『わかったような気がします』と述べる。

⑤よそのグループでは……：Cさんが，『よそのグループの人は無条件の肯定的注目ということをおっしゃるが…』と言うので，ファシリテーターは次のように語る。「何か言葉を聞くとわかったような気がしちゃうんね。でも，実際はなかなかそうやれない。だからこうある意味で言葉なりというのは後でついてもいいわけで，泳げるようになった後で，あなたの泳ぎはクロール，あなたの泳ぎは平泳ぎですよって。クロールって名前を覚えたからってクロールで泳げるわけじゃないでしょう（数人が「はい」）とにかく泳げることが大切なんだから…」

⑥小休憩：やがてお茶が入り，小休憩となる。翌日のパーティーのこと等がワイワイと話される。

⑦沈黙：その後沈黙が5分間続く。

⑧何か変な感じ：Eさんが，『主体性があるみたいだったのに，なくなったみたいな感じ』と述べたり，Hさんが，『しゃべっている時は気持ちよかったのに，終ってからもうちょっと何かある感じ』と発言する。ファシリテーター，コ・ファシリテーターは特に何も言わない。

⑨コ・ファシリテーターへの質問：その後，Bさん，Eさん，Cさん，Aさんが，コ・ファシリテーターにこれまでのグループ経験や，自分にとってのグループの効果についてしつこく質問し，コ・ファシリテーターは何回もていねいに答える。

⑩ファシリテーターへの質問：やがて質問のホコ先がファシリテーターにも向けられる。ただ質問の内容は一般論的である。ファシリテーターは次のようにていねいに答える。

（グループサイズについて）「大体10人前後ぐらい，これくらいが丁度いいくらいだと思いますけれどね……」

（その対象について）「そうね人間を対象とするまあ看護婦さん，教師，それから保健婦，それから家庭裁判所の調査官，それからケースワーカーとか……あるいはこう企業で……あるいは高校生でね……あるいは主婦……あるいは夫婦……」

そのうちEさんが，『こんなこといって他の人に不安を与えたらと思い黙って

いたけれども，私の知ってるところで，学生がエンカウンター・グループを受けてから，私はレポートを出したくないから出しませんというようになったが，そのようなことはファシリテーターはないか』と問う。それで，「僕自身の体験ではまずないですね」と答える。

その後Hさんが，『高校生の場合はどうなったか』と問うので，ファシリテーターは具体例を挙げて主体性が出てきた生徒がいることを話す。

そしてさらに次のように話す。

「だからやっぱり，そうねグループは非常に肯定的な方向にいく場合もあるし，あるいはこうね，（Eさんが）前言われたようにそういう場合もあるし。だからその場合そうね，どうしてそうなるのかな，それはグループがどこまでどんな形のグループになるかにもよるしね，ここでも4グループあって違うでしょう。それとあのグループのなかでのコンディションにもよるしね，コンディションあまり良くない時にはこうきついばかりの時もあるし，それから自分の心の状態がね，どうも失恋の直後で非常に揺れている時出てね，ますますこう何かそれに輪をかけてしまうとかそういうこともあるし。だから一概には言えないけども，そういう事実はやっぱりあるでしょうね。けどもやっぱり今聞いたのはちょっと極端すぎる感じ…」

するとEさんは，『それは極端だけど，それを聞いていたので私はここに参加するのに少し不安があった』と語る。

⑪よそのグループの人は……：Eさんが『よそのグループの人は「あなたはそう思うのね」式の応答を部屋でやるけどもどうも…』と言うので，ファシリテーターは次のように述べる。

「その人はね，まだやっぱりこう定着してないんじゃない，例えばさっきの水泳で言えばクロールをやってんだろうけど，やっぱりなれないもんだから（笑い）…」

その後Gさんが，同室の他のグループの人がかなり欲求不満に陥ってることについて何度も発言し，しばらくこれをめぐって応答が行なわれる。ファシリテーターは特に発言しない。コ・ファシリテーターは確認のための質問を何回か行なう。

⑫沈黙について：沈黙について，『沈黙はいろいろ考えている』（Gさん），『最

初は苦しかったが，今はさほど苦しくなくなった』（Ｅさん），『沈黙は何を言おうかと考える』等の感想が述べられる。ファシリテーターは発言しない。

⑬Ｄさんの生き方に感心：Ｅさんが，『Ｄさんだけは初めから終りまであまりくずさずに保っていらっしゃるでしょう』と言ったのを契機に最後までＤさんに焦点があてられる。Ｄさんのひょうひょうとした生き方に多くの人は感心し，あこがれ，詳しく知ろうとする。Ｄさんはおもしろいエピソードを交えながら，自分のことを語る。グループにはしばしば楽し気な笑いが起こる。Ａさんからは『大物ですねえ』と言われる。

ファシリテーターは特に発言はせず，話を聞きながら何度も大声で笑う。ただ途中でＤさんから『先生何か言いたそうですね』と言われた時に笑いながら次のように話す。

「いやいや，何か不思議だなあって（笑い），何か嬉しくなってくる（笑い）」

コ・ファシリテーターは特に発言しない。

〔ファシリテーターの感想〕　魅力度６　さらにグループが進展してゆくことへの抵抗として，ゆりもどしのような形で，後もどりか？ファシリテーターとしては，グループとは何か？の問いには，正直に自分の意見を述べる。その他の場面では黙っている。Ｄさんのことを知ることができたのは満足であるが，Ｂさん，Ｉさんの２人がまだ焦点があたってないのが気がかりである。

〔メンバーの感想〕　魅力度 5.67（0.50）　好感がもてる（Ａさん），無記入（Ｂさん），楽しく居心地良さそう（Ｃさん），無記入（Ｄさん），良いと思う（Ｅさん），無記入（Ｆさん），満足そうな感じ（Ｇさん），感情を動かさず，静かに落ち着いている（Ｈさん），特になし（Ｉさん），体験学習となっているが，もう少し話題のポイントとかいうものを指摘してほしい（Ｊさん）。

■第11セッション（５日目の朝）：沈黙→「気を使うこと」をめぐって→Ｂさんの「家庭と職場での話」→お茶が入り雑談的な話

〔動き〕　①沈黙：ファシリテーターが次のように発言する。

「この体験学習も実質的にはこの午前中と午後とあと２つですね。夜はパーティで全然ないから」

②「気を使うこと」をめぐって：沈黙を破ってＣさんが，『せっかくの沈黙で

気の毒』といい，ガン患者のことについて話し始め，それにEさんが応答し，2人の会話がしばらく続く。このやりとりに対し，ファシリテーターは，『いつもこの2人が話をするが…』と介入する。さらに次のように話す。

「何かこう迫力がない（Cさん「うん」），何かこう他の人がね，グッと身をのり出さざるを得ないようなね……こうね何かねグッと自分のなかでこうねグッとこみあげてくるようなう言いたいことを，言いたい時に言うとやっぱりそれだけのものがあると思うんだけども，そこまでちょっとなんじゃないかな…」

その後しばらく応答が続けられるが，やがてEさんは，『私はひどく気を使って仲良くせんといかんと思う』と述べる。そこでこの後，長時間にわたって，気を使うことをめぐってグループで話し合われる。ファシリテーターは長いもの短いものも合わせて，約50回発言を行なう。ファシリテーターは，主にCさん，Eさんに向かって話すことが多い。Eさんに対して次のように話す。

「相手に悪いからということですぐには言わず，その時は少々がまんして，そして自分のなかでこう何か言いたいことが起こってきたら言えばいいし，起こってこなければそれでいいたい。」

Cさん，Eさんに対して次のように話す。

「気つかってね，2人がやるような話は初対面とかね，最初のころはそういうように言ってくれるとウォーミングアップになってね，何かいいんだけど，けどもいつもいつもそれだとね，聞く方には何か何もこうアピールしてこないのね，訴えてこないというのかね。」

Eさんが，『自分と正反対でうらやましい』と言うDさんについて，ファシリテーターは次のように話す。

「何となく雰囲気がね，何かこうそんなに気使われない，ある意味でのあの（Dさん「私は気を使わない，相手も…」）Dさんといると気使わなくってもおれるような感じなんじゃないかな。こちらから使わないやろう。やっぱり使うと向こうも使うという感じで…」

そのうちEさんは，『私は根本的性格は無口だが，いつも気を使っている。いやでも聞くんですよ』と語る。

Eさんに対してさらに次のように話す。

「時と場合でね，時と場合によってはやっぱりね。（気を使うことは）いい時

があると思うんよ，あの場面でね．しかしいつもいつもそれだと何かね（Eさん「つらい」）…」

「みんなある程度ね，適度な気を使ってるわけよ，ところがEさんの場合，気を使いすぎというか…」

再びCさん，Eさんに対して次のように言う．

「何かこう2人（Aさん，Dさん）に共通しているのは何かね，何かこうAさんとDさんの強さ，比較的自分の気持ちをかなり大切にしてそのペースで動かれているところ……で2人（Cさん，Eさん）に共通しているのは何かね，自分の気持ちということはちょっと置いたままでこうね，この場をどうするかとか，みんなのために何とかとそっちの方が強いみたい．」

その後Eさんは，『宴会の時でさえも気を使う』と述べる．Eさんに対して次のように話す．

「黙っておく，しゃべるということではなく，自分の気持ちが，しゃべる方向か黙っておる方向かね，あるいはその何したいかという，それで動くといいんじゃない．」

このような応答を通して，Eさんは，『（自分のことがよく）わかった』と言い，Cさんも，『何かこう感じるものがある』と述べる．

以上のようなCさん，Eさんを中心としたやりとりの合間に，ファシリテーターは他のメンバーにも次のように発言する．

（Jさんに）「さっきも言ったけどね．1人1人こう違うから，みんな自分の何というか心に従って，自分で気持ちよく動くことがいいんじゃないかということで，杓子定規でね，しゃべらなければならないとか，それからしゃべった方がいいということではないのですよ．」

Jさんへのファシリテーターの話を聞いていたIさんが職場での例を挙げて，『こんな場合はどうか』と何度も質問するので，次のように答える．

「しゃべったらいいかどうかはその人の状態にしたがってあれだから，自分がやっぱりあの何かこうね，僕だったら話しかけられてきてしゃべりたくなければ，今日悪いけど何かね，どうもこう口動かすのおっくうだから，ちょっと今日は黙っとくけど，これは別に君に対して悪意があるわけじゃないから気にせんでねとかいうようなことを言う．」

③Bさんの「家庭と職場での話」：そのうちBさんが，『家で主人に気を使う』と言ったことをきっかけに，Bさんに焦点があてられる。他のメンバーの応答を受けながらBさんは少しずつ自分のことを語る。Bさんは，『結婚してから笑顔を見せたことがないと兄弟から言われる。これまでに離婚したいと感じたことは何回かあるが，子供のことを思い，我慢し耐え忍びつくしてきた』など，涙を流しながら語る。さらに，『仕事にはどうしたら完璧にやるかと神経を使ってやっている。仕事の方が家庭よりおもしろい』と述べる。グループはじっくりとBさんの話に耳を傾けている。

ファシリテーターは次のように肯定的な応答をする。

「本当にねえ，こう実力があるから，職場で非常にこうある意味で生きがい，やりがいがある感じで…」

「細い体で仕事の面でも家庭の面でも両方何かそういうエネルギー，バイタリティというか，まあAさん（大きい体の人）はエネルギーがありそうだからね（笑い），Bさんはね，何か一見ね，そう見えないけども…」

コ・ファシリテーターも次のように語る。

「私，Bさんが話してらっしゃるのを聞いてね，本当何かしらこう感動するような気持ちしたんです。これがやっぱり訴える……こういうふうに一生懸命話していらっしゃる，話そうと思って話されたとか，さっきから出てましたよね，響くものがあるという，そういうもんなのかなあと思って聞いてたけど本当ねえ。」

その後さらに応答があってから，Bさんは，表情も明るく楽し気に子どもの話をし，『今から開けたような気分』と語る。

④お茶が入り雑談的な話：Bさんのことが一段落したところで，お茶が入り，和やかな雰囲気のなかで，雑談的な話になり，笑いがたびたび起こる。ファシリテーター，コ・ファシリテーターは時々発言する。

〔ファシリテーターの感想〕 **魅力度 6**　　ファシリテーターとしては，CさんとEさんのやりとりをカットして介入する。Bさんが出てきたことに満足する。しかしIさんにまだ焦点があたってないことが気がかり。

〔メンバーの感想〕 **魅力度 6.30（0.82）**　　的を射て適切なアドバイスをされていると思う（Aさん），ポイントを教えていただいた気がする（Bさん），

するどい視点がありすばらしい，雰囲気はゆったりとしていて自然な形なのに（Ｃさん），適切なアドバイスが効果的だと思う（Ｄさん），嬉しかった（Ｅさん），リラックスしているなあと思う（Ｆさん），楽にしている，身近に感じる（Ｇさん），気楽に人の意見が聞け，軽く意見が出る（Ｈさん），アドバイスの仕方がうまいなと思った（Ｉさん），よく話を聞いてあげてるんだなと感心します（Ｊさん）。

■第12セッション（5日目の昼）：長い沈黙→ラスト・チャンス
〔動き〕　①長い沈黙：沈黙がおよそ17分間続く。
②ラスト・チャンス：沈黙を破りファシリテーターが次のように発言する。
「えっとあの，まあ最終セッションなんで，今思ったんですけど，あの，これは提案ですけども，今思いつきの提案で，一応最終セッションでね，あのこれで終りになるので，あとこう言いたりない感じの方もあるかもしれないし，あるいはあの他の人から自分について何か言ってもらいたいというのもあるかもしれないし，そいでラスト・チャンス，ラスト・チャンスということで1人10分間ですね，時間をこうもって，自分について何か言ってくれという形でその10分使ってもいいし，あるいはあの何かこのみんなに対しての質問とか，あるいは言いたいことに使ってもいいしということで，何かあの10分くらい，ラスト・チャンスで最後のフィナーレをやったらという具合に思ってましたけれども，どうですか？」。すると同意の声があり，順番に一回りすることになる。
一番手のＤさんに対してファシリテーターは次のように言う。
「僕の感じでね，何か表情が比較的喜びと平静な感じの表情は非常にこう多いんだけども，喜怒哀楽がちょっと，あの悲しいとかつらいとかそのへんの表情があんまりこうそう感じられなかったんですよ。で，そういう意味で，何かこう心の動きはね，ものすごくあると思うんだけど，心の動きに，喜びの方とかそうしたポジティブなものはね，比較的表情と対応しているわけよ，ただ否定的な方がね，表情と心の動きが何かこうズレているっていうか，表に出てきにくいところがあるような感じがしててね…」
2番手のＨさんに対しては次のように言う。
「それについては何もできないけど，何か立ち直ってほしいという願いみた

いなのがある。今度会う時は何かね，笑顔がもどっててということを期待してます。」

3番手のBさんに対しては次のように言う。

「強じんさと同時にね，趣味なんかやっていかれて，ゆとりというかな，が加わるとねさらにこう強じんさも何か生きてくるというかな……」

4番手のJさんに対しては，特にフィードバック的なことは言わず，次のような質問をする。

「男ぎらいですか？」

「恋をして結婚するなんて考えないでしょうね（笑い）？」

5番手のFさんについては次のように言う。

「一番最初に比べると，表情がいい表情になってきたなって思いますね。」

6番手のIさんに対してはまず次のように言う。

「僕の受けた印象ではね，何かこう非常に落ち着いててね，ドテッとしてて何というかなあ，あのつけ込むスキがないというかな，何かね，こう関わろうとしても，何かバッチリ自己完結している感じでね，何かこう関わりにくいなあという印象をもちましたね。……」

この後，さらにファシリテーターとメンバーが応答を続けるとIさんはどんどん自分のことを話し始める。ファシリテーターも10回ほどの応答を行なう。しかしもう少しスッキリしない。

このような状況についてファシリテーターは次のように言う。

「何かね，今僕のなかでね，ちょっと葛藤が起こってて，何かもうちょっとね話したい感じと，それからちょっとまあ一応今はそっとしておいた方がいいのかなという両方の気持ちが僕のなかで起こってて，葛藤がありますけどどっちの方がいいかな？あの素直なところで言ってもらえたらと思いますけど…」

するとIさんは，『そっとしておいて下さい』と言うので，一応打ち切る。

7番手のAさんは自分が話したいことを話すが，ファシリテーターは特に発言しない。

8番手のGさんに対しては次のように言う。

「パッとみた印象は地味というよりはやっぱり派手というか，どっちかに分けるとね」

9番手のCさんには次のように言う。

「別の面ではもっとこう自分を出したりすることが必要な場面があるし……」

10番手のEさんには次のように言う。

「本当何かこうね，グループの1つのこうやっぱり，いい意味で，いろんなみんなを刺激することがあったし，貢献したというかな，そういう感じがしますよ。時には何かね，言われていることが何か非常に快い音楽（笑い），あるいは雑音に聞こえたりすることはあったけどね。」

ここまできたところでファシリテーターは次のように言う。

「OK，そうするとじゃあ一応時間ですけれども，本当はここ（ファシリテーターとコ・ファシリテーター）までいきたかったんだけれども…」

するとEさんが，『イヤ，最後までしましょう……最後までねえ。（2人とも）メンバーの一員ですよねえ』と言い，同意の声も出て，最後までいくことになる。

コ・ファシリテーターは，メンバーからのフィードバックをもらう。『私はお母さんという感じを受けた』（Eさん），『円満に方向づけて下さる感じを受けた』（Bさん），『そばに座っていた時，何となく安心感があった』（Iさん），『そんなにフンワリされているように私もなりたい』（Cさん），『相手を傷つけないものの言い方を心得ている』（Fさん）等のフィードバックが述べられる。ファシリテーターは特にフィードバックはしない。

次にファシリテーターの番となる。ファシリテーターは次のようにまとめ的なことを述べる。

「そうですねえ，何か今回比較的ね，あの日程もゆったりとしてて，最初はものすごく先が長くていいなあと思ってたんだけど，途中ぐらいから何かこうものすごく時間が早くたつような感じで，忙しい感じで，あのちょっと参加してきましたけれども，ええ，途中2日目くらいに僕少し手を入れた感じがしてますけど，あとは本当手がかからずに，あの比較的ね，あのゆったりした気持ちでこのグループのファシリテーターをやらしてもらった感じです。

そして何かあの本当こんな形でじっくりと看護婦さんとのグループをやったのは初めてなんですけど，何かあんまりあの普通病院とか何とかで見る時は，たいてい看護婦さんてのは白い何かヒラヒラを着てて，何か同じような顔に見

えるんですけど,ここでこうやって過ごしてると,ものすごく1人1人の個性の違いというか,人間性の違いというか,それをものすごくこう強く感じて,看護婦さんというよりも何か人間がいて,そして個性的にみんなそれぞれ違った特徴をもってて,共にいて何か語りあったり,いろいろ言ったりした,あの言い合ったりすることが,何か僕にとっては非常にこうますます人間ってのが楽しいなあという感じでね,何かこう,あの何かな人間がますますこう好きになったっていうか,そんな感じでいますね。

しかし僕もあの基本的にはやっぱり女性恐怖症で,何かあんまり言えないことも,言えないっていうかね,何か言おうかなと思っても,ちょっと緊張して言えなかったりすることもありましたけど…,

いやあ僕はちょっとやっぱりこう,僕はね,あの本当,本当っていうか,僕は自分で無口,内気,内向的って自分で思っているけど,他の人はそうじゃないと言いますけど,本当はやっぱり無口,内気,内向的だと思ってました。気恥ずかしいところがあって,ファシリテーターだなと思っていっちょうがんばってあの言ってる時はいいんですが,あのこんなにあの注目されたりすると(笑い)…」

そしていよいよ終わろうとする。するとIさんが,『あのさっき私のことで先生が葛藤しておられたけど,落ち着きましたから』と発言する。それでIさんへの応答が少し行なわれる。そしてそれが一段落したところで終結となる。

〔ファシリテーターの感想〕 **魅力度7** 初めは自発的動きを期待するが出ないので,"ラスト・チャンス"を提案する。それぞれがやり残したことを話したこと,特にそれまであまり焦点があたらなかったIさん,Gさんに焦点があてられたことは良かった。しかしこの2人をはじめとしてこれまであまり話さなかった人が,このセッションに高圧力で話したが,できればこれまでのセッションのなかで話すチャンスをつくれていたらと思う。それと,この2人をもう一歩掘り下げられなかったことが不満足である。全体的には,概ね成功と思う(75点?)。

〔メンバーの感想〕 **魅力度6.67(0.50)** 無記入(Aさん),自分達のグループはファシリテーターに恵まれていたので,それぞれが満足?できたような気がする(Bさん),最良のファシリテーターに会って良かった(Cさん),多

面的に観察する能力を尊敬する（Dさん），本当に恵まれた2人のファシリテーターだったと思い感謝してます（Eさん），よかった（Fさん），すばらしい存在に思え，私自身このグループになれてよかった（Gさん），思いやりを感じる（Hさん），非常に感謝しています（Iさん），よく話をきいて適切なことを言われると思う。野島先生に関していえば，もう少し私情を交えてグループの中にかかわってもいいのではないかと思います（Jさん）。

3．考　　察

（1）　グループ発達について

　このグループの《導入段階》は，第1～5セッションと考えられる。というのは，村山・野島の発展段階仮説で言えば，第1セッションは「段階Ⅰ：当惑・模索」，第2～4セッションは「段階Ⅱ：グループの目的・同一性の模索」，第5セッションは「段階Ⅲ：否定的感情の表明」に相当するように思われるからである。

　《展開段階》は，第6～11セッションと考えられる。村山・野島の発展段階仮説では，第6セッションは「段階Ⅳ：相互信頼の発展」，第7セッションは「段階Ⅳ：相互信頼の発展」→「段階Ⅴ：親密感の確立」，第8セッションは「段階Ⅵ：深い相互関係と自己直面」，第9セッションは「段階Ⅵ：深い相互関係と自己直面」→「段階Ⅴ′：親密感の確立」，第10セッションは〈抵抗の表面化〉→「段階Ⅴ″：親密感の確立」，第11セッションは「段階Ⅵ′：深い相互関係と自己直面」に相当すると思われる。

　《終結段階》は，第12セッションである。村山・野島の発展段階仮説では，「終結段階」（A．段階Ⅳ以上に展開したグループ）に相当すると考えられる。

（2）　ファシリテーションについて

　ファシリテーションについて，セッションごとに考察を行なう。

【導入段階】
■第1セッション

①ファシリテーターは導入の発言で，グループの性格，メンバーへの期待，このようなグループ経験の有無の確認，進め方，ファシリテーターの立場等について，かなり丁寧に述べている。このような丁寧な導入の発言は，特に今回のような初めての参加者ばかりのグループでは，グループの安全・信頼の雰囲気の形成に向けてグループが進んでいくうえで，とても良かったように思われる。

②しばらくして自己紹介（所属，職務内容，臨床経験，参加動機等）が始まるが，ファシリテーターも率直に自己表現（所属，専門，臨床経験等）をしている。また，コ・ファシリテーターも同様の自己紹介をしている。このような自己紹介は，メンバーにとってはファシリテーターが何者かということを知るうえで役に立つし，メンバーの防衛をゆるやかにし，グループへの安全感を抱くのにつながっているように思われる。

③あるメンバーがグループの性質について質問したのに対し，ファシリテーターは率直に答えている。メンバーはこの場がうまくつかめないし，不安でこのような質問をしているように思われる。このような質問を無視したり，はぐらかしたりせずに，率直に思うことを答えたことは，グループへの安全感や信頼感を高めるのにつながったように思われる。

④職場での話が熱心に続けられる。これに対してファシリテーターは黙って聞いている。このようなメンバー主導の流れを尊重することは，メンバーの自発性が育っていくうえでとても大切であるように思われる。

⑤あるメンバーからファシリテーターは，グループの進め方について何度も質問をされる。これはファシリテーターへの依存であると言えよう。これについてファシリテーターは，自分達がしたいことをすればよいのではと，導入の発言と同じことを話している。このように言うことは，メンバーがこのグループは自分達が動かしていくのであるということを改めて知ることになっているように思われる。

⑥終り頃になってあるメンバーが，「悩みとか問題を1つ1つみんな出して，1つ1つ片づけていくようにしたら」と提案する。これについてファシリテー

ターは何も言わない。このようにメンバーが自発的な提案を行なうことを尊重することはとても大事である。そうすることで，メンバーのなかのファシリテーションシップが少しずつ出てくることになるように思われる。

■第2セッション

①あるメンバーからテープ録音が気になるとの発言が出る。これに対しファシリテーターは，テープ録音の意図の説明をひとしきり行っている。ここでこのように説明することも必要であるが，その前に第1セッションの冒頭でテープ録音についてきちんと話しておくべきであったと思う。さらに，このメンバーは「言ったことが消せないから」と述べているが，ファシリテーターは応答していない。やはりここでは，「後でこの部分は消してほしいというところがあったら，消すことができる」など応答すべきであっと思う。このような状態では，メンバーはグループへの安全感，信頼感をもちにくい。

②やがて進め方はこれでいいのか？ということが話題になる。これに対して，ファシリテーターは黙っているが，ここでは率直に思っていることを述べる方がよいように考えられる。ファシリテーターが自分の気持ちを率直に語ることは，ファシリテーターの姿がメンバーに見えることになり，安全感，信頼感を高めることにつながるように思われる。

③その後は職場での人間関係をメンバーは熱心に語り合う。ここではファシリテーターは全く発言しない。これは，メンバー主導の流れを尊重しているのである。そうすることで，メンバーがより自発的，積極的に動ける力をつけることが期待されるのである。

④ティータイムでやはりあるメンバーが，テープのことを気にしている。つまり，メンバーは安全感，信頼感への不安を表明している。これに対してファシリテーターは，「秘密は守られる」と述べている。ここでは，やはり「嫌であれば後でテープを消すことができる」など言ってあげることが必要であったように思われる。

⑤次々と職場の話が行なわれる。ファシリテーターは名指しで同意を求められた時に1度だけ発言しただけで，他は黙っている。これはメンバー主導の流れの展開を尊重しているのである。

⑥終わり近くになって、「次のセッションは外でやろう」と数人のメンバーからの提案がなされる。これに対して、ファシリテーターは特に反対もせずに、その自発的提案を尊重している。

■第3セッション

①海岸であるメンバーがしきりにファシリテーターにリードを求める。これに対してファシリテーターは「主体的に」と言うだけで実際にはリードはしない。ここはファシリテーターへの依存がもろに出ているのであるが、導入の発言の趣旨と同じことをくり返している。

②順々に自分のことを語るという場面で、ファシリテーターは飛ばされる。これに対してファシリテーターは何もしていない。しかしここは、ファシリテーターも積極的に自分のことを語った方がよかったように考えられる。ファシリテーターの自己表現は、安全感、信頼感を高めるように思われる。

③メンバーの職場の話にウンザリしながらもファシリテーターは黙ったままでいる。ファシリテーターは少しきつくなってきているのであるが、まだ我慢できるので動かないでいるのである。場つなぎ的な流れにはどこかでファシリテーターは介入をしなければならないのであるが、ここはまだその時期ではないとファシリテーターは考えているのである。

④部屋にもどるが沈黙がちである。ファシリテーターも発言をしない。時にはファシリテーターは沈黙破りの介入をするが、この場面ではその時期ではないとファシリテーターは考えているのである。

■第4セッション

①病室の整理整頓をどうしているかとのテーマでの数人の話し合いに対し、ファシリテーターは介入（「4人しか話してませんね。ということで、どうして4人しか話せないんだろってそういう発想でいくとどうなるんでしょうね。この場合は？」）を行なう。沈黙を避けるための場つなぎ的な話し合いが延々と続いているので、遂にファシリテーターが介入しているのである。

②再び場つなぎ的に職場での人間関係の話が出始めたことに対し、ファシリテーターは再度介入（今ここでの人間関係のことに焦点をあてる）をしている。

3. 考　察

場つなぎという形の抵抗は，1度のファシリテーターの介入では流れが変わることはとても難しいので，このように再度行なわざるをえなくなっているのである。

③あるメンバーが大事な自己表現（職場で流される）をちょっとしかけるが，他の話題（主体性論）に移りそうになる。そこでファシリテーターはすかさず介入して，この人を取り上げる。そうすることで，この人は自己表現をすることができるようになる。

④このメンバーについてファシリテーターは何度かその気持ちを明確にしようとする発言を行っている。そうされることで，この人は自分で自分の気持ちをよりはっきりと理解できやすくなっているように思われる。

⑤一般論（主体性論）にこだわるメンバーに対してファシリテーターは，一般論ではなく，自分自身のことを語るように促している。このように介入することで，表面的，知的な話から，より自分に直接関係がある話，意味のある話に進むようにメンバーを刺激したように思われる。

⑥職場で流されているというメンバーにファシリテーターは，今回のグループのなかで流されないように新たな相互作用の仕方をしてみたらと促している。つまり，日常の相互作用をここでくり返すのではなくて，グループという安全な場を借りて，新たなあり方をチャレンジしてみたらと勧めているのである。

⑦しばらくすると再びグループの目的は？この場は何だ？ということが問題になり，パンフレットを読み直す人も出てくる。言わば「グループ談義」といった様子になる。これに対しファシリテーター少しイライラしながら，今ここの人間関係にメンバーが目を向けるように強調する。つまり，このグループでの直接的な相互作用に向けて動機づけをしているのである。

⑧あるメンバーが職場にもどってからの研修報告をどうするかと発言し，しばらくこの話になる。これに対しファシリテーターは，「この私を見て下さいと言えるようになってほしいなという期待がありますね」と述べている。つまり，今回の研修は一定の知識や技術を学んだということを報告するようなものではなくて，自己変革が大事であるということを示唆しているのである。このように言うことは，メンバーが自己理解に向けて進んでいくことを刺激しているように思われる。

⑨長い沈黙（14分間）が続くが，ファシリテーターは特に介入しない。重苦しい雰囲気ではあるが，沈黙破りをファシリテーターがしなければならないような時期ではないと判断しているのである。

■第5セッション

①はじめから20分間の沈黙となる。その間にファシリテーターはトイレに行き，部屋にもどってから，「スッキリした顔になってきたというか，ちょっと行くべきところに行ってなかったので…」と発言している。この言動は，これをきっかけに沈黙が破られ，誰かが自発的に発言をするかもしれないという淡い期待が背景にあるのであるが，結果的には誰も沈黙を破ろうとはしない。

②あるメンバーが発言を始め，応答が行なわれる。その人は他の人からのフィードバックを求める。それでファシリテーターは，発言していない人に発言を促す。そうすることで何人かのメンバーからのフィードバックが行なわれる。発言を促したことは，相互作用をより活性化することにつながっているように思われる。

③ファシリテーターは，2人のメンバーの発言がかみ合わないところを整理してつなげたり，質問をしたりして，司会者的に動いている。そうすることで相互作用が活性化され，相互理解がかなり進むことになっているように思われる。

④あるメンバーがファシリテーターに別のメンバーへのフィードバックを求める。これに対してファシリテーターは，結構長く思っていることを率直に語っている。このような場面で，本人以外から発言を求められるということは，その人にとってファシリテーターのことがあまりよくつかめず，グループへの安全感がいまいちもてていないということを表わしているようにも考えられる。だから，ファシリテーターが率直に自己表現をしたことはそれを高めるのにつながったように思われる。

⑤その後あるメンバーが話しているところに別のメンバーがわりこんだり，ズレが生じたりしている。それをファシリテーターはていねいに指摘し，話がうまくつながるようにつとめている。そうすることが，かみ合った相互作用をすることにつながっていくように思われる。

⑥あるメンバーの相互作用の仕方をめぐって，ファシリテーターはその様子をフィードバックするとともに，どのようにしたらよいかを具体的に助言をしている。そうすることで，グループでの新たな相互作用にチャレンジするよう促しているのである。このことは，相互作用が活性化していくことに役に立つように思われる。

⑦その後あるメンバーをめぐってかなり長い間，応答が続けられるが，ファシリテーターは特に発言せず，見守っている。その前にかなり積極的に介入をしたので，ここでは一歩引いてメンバー主導の流れを尊重しているのである。こうすることは，メンバーのファシリテーターへの依存を防ぎ，メンバーが場をリードしていくことにつながるように思われる。

【展開段階】
▓第6セッション
①あるメンバーの職場での問題を自己開示し，これをめぐってグループではスポットライトがあてられる。ファシリテーターは何度も熱心にメンバーをめぐる状況の明確化を行なう。これを通して，メンバーの自己理解は結構進んでいっているように思われる。

②その後別のメンバーの心を開くということができないということに，スポットライトがあてられるようになる。ここでもファシリテーターはそのメンバーをめぐる状況の明確化の発言を行っている。

③やがてあるメンバーの子どものこと，親子関係に関してスポットライトがあてられる。そのなかでファシリテーターは，何度も思ったことを気軽に率直にフィードバックしている。これはメンバーの自己理解に役に立つように思われる。

④あるメンバーがファシリテーターに子どもの兄弟関係についていろいろ質問する。それに対してファシリテーターは，しばらく思っていることを率直に語っている。ファシリテーターという意識はほとんどなくなっている。ファシリテーターはリラックスし，メンバー的な気分で発言をしている。

⑤グループにのれていないように見えるメンバーにファシリテーターは，「ちょっとこうのりにくいのかなあっていう感じを受けてたんだけど，どんな感じ

かな？」と話しかける。そしてやりとりをするうちにそのメンバーは，「期待とははずれだけど，この場でつかめることはつかんで帰りたい」と言い，悩みを語る。ファシリテーターが声をかけたので，このメンバーは落ちこぼれずに，次第にグループでの居心地が良くなってきているように思われる。

■第7セッション

①あるメンバーの職場での悩みをめぐってグループのスポットライトがあてられ，しばらく多くの人との間で応答が行なわれる。それが一段落したところで，ファシリテーターは，「僕の聞いたところでは4つくらいのことをまとめて指摘されたようですね」と切り出し，それらを簡潔に述べる。このように寄せられたフィードバックをまとめて伝えることは，メンバーにとっては言われたことを整理することになり，自己のあり方を考えていくことに役に立つように思われる。

②あるメンバーが「もういいです。あとは私が考えなければ」と述べたのに対し，別のメンバーが「さっきスタッフのなかに気になる人がいると言ったが…」と再び焦点をあてて長い間応答が行なわれ，展開する。ここでは，ファシリテーターが気がついていない大事なところをメンバーが気がついて，展開させているのである。ファシリテーターは，このようなメンバーのファシリテーター化ともいえる行動を尊重し，それに合わせてメンバー的に動いている。

③そのうち結婚論になり，リラックスした状態のなかでファシリテーターに質問が行なわれ，ファシリテーターは気軽に率直に自己開示をしている。ファシリテーターはメンバー化している状態である。

■第8セッション

①断続的に沈黙がちとなるが，ファシリテーターは特に介入はせず黙っている。ファシリテーターとして何とかしなければという気持ちはなく，メンバー的になっていると言えよう。

②前セッションの後半にメンバーの力で展開をさせたことをめぐり，ファシリテーターは，メンバーの力で展開したことを素直に認める発言をする。メンバーからは，「自分達のやったことがファシリテーターの役目をしたのに気がつ

いた」との発言が出る。ここはメンバーのファシリテーター化を相互に確認している場面である。

③ファシリテーターをめぐって，ファシリテーターへの質問が行なわれるので，ファシリテーターは思っていることを率直に述べている。そのうち「いつのまにかファシリテーターは同じメンバーだなと考えていた」「みんながファシリテーターをする」といった発言がメンバーから出る。ファシリテーターのメンバー化，メンバーのファシリテーター化が実現されていることを相互に確認しているのである。

④そのうちあるメンバーが，「みんな満足しているのかなあ」と問いかける。これは，グループがだれることを引き締めるような発言である。メンバーからこのような動きが自発的に出てこない時には，ファシリテーターが相互作用の活性化のために，このようなこと言わざるをえない。しかしこのグループではメンバーのファシリテーター化が実現されている状態なので，メンバーから自発的に出ていると言えよう。

⑤その後あるメンバーの職場で流されるということにスポットライトがあてられ，長時間メンバーからの熱心な応答が続けられる。ファシリテーターは特に発言はせずに見守っている。メンバーがファシリテーター的にどんどん進めていくので，ファシリテーターはそれを尊重しているのである。

■第9セッション

①前セッションでもう一つ開けないままに時間切れとなったメンバーについて，ファシリテーターはそれまで理解できたことを詳しく伝えている。このような発言は，言わばクライエントを写す鏡のような役割をもつ。そのメンバーが改めて自分のことを整理して理解することにつながっていくように思われる。

②あるメンバーをめぐって他のメンバーから熱心な応答が続けられるが，焦点が定まらず展開しない。それでファシリテーターは，「こういう形でみんなが聞いて話すことがHさんにとって何かこう意味がありますが？」と，本当に話したいかどうかの確認を行っている。つまり話したくないのに無理して話して，心理的損傷が起こるようなことがないようにと配慮しているのである。

③その後さらにこのメンバーをめぐってスポットライトがあてられる。ファ

シリテーターは特に発言しない。メンバーからの明確化を通して，次第に事態がはっきりしてきて，やがて一段落となる。ここは，メンバーがファシリテーター的に動いて，当のメンバーの自己理解を援助しているのである。

④この一連の応答の途中まで寝ていたメンバーにファシリテーターは，「昨日まではね，いろいろと発言が，でも今日はあののれないという感じを受けていますけど…」と声をかけている。これは，グループからの脱落を防ぎたいという意図からである。このように確認することで，そのメンバーの気持ちがわかるし，かけられた方はグループに入りやすくなる。

⑤やがてあるメンバーが，「この話は主体性につながるとは思わないが，今話が出てないようだから…」と切り出し，しばらく話が続く。これに対しファシリテーターは，特にそれを止めるようなことはしない。これは，その前まで1人のメンバーをめぐってまじめな（ある意味ではまじめすぎる）進行が続いてきているので，多少雑談的な息抜き的な話がないと息切れを起こすと判断しているのである。

⑥そのうちあるメンバーに焦点があてられ，その人の話を聞きながら，グループでは大声で笑いが起こる。ファシリテーターも，その流れにのり，非常にリラックスして，何度も大声で笑う。これはこのセッションの前半まで，「深い相互関係と自己直面」が長時間続いたので，その息抜きをしているのである。

■第10セッション

①6分ほどの沈黙が続く。それをあるメンバーが破り，他のメンバーに「何か言いたいのでは」と問いかける。これは，メンバーがファシリテーター的に沈黙破りの動きをしているのである。ファシリテーターが，特にファシリテーター意識をもたなくても，グループは動くようになっていると言えよう。

②やがてあるメンバーが，「今までやってきて考えてみると，今回の研修のテーマは誤解を招く」と発言する。それに対してファシリテーターは，率直に思ったことを述べている。ファシリテーターの考えは，必ずしもメンバーの気に入るとは限らないが，（仮に気に入ってもらえなくても）率直に思ったことを語ることは，グループの安全感や信頼感の維持につながる。

③その後は別のメンバーが数人，グループについて質問をする。ファシリテ

ーターは思っていることを率直に語る。そのうちの1人は,「わかったような気がします」と述べ,少しスッキリする。

　④そのうちあるメンバーが,「主体性があるみたいだったのに,なくなったみたいな感じ」と述べたり,別のメンバーが「しゃべっている時は気持ちよかったのに,終ってからもうちょっと何かあるという感じ」と述べる。これは,現状での一定の満足への疑問が生じているのであり,次のより高次のステップへ向かおうとする動きが出はじめたことを表わす発言である。ファシリテーターはこのような認識はもちつつも,積極的に新しい流れをつくるような介入はしていない。というのは,前セッションまでまじめにやってきて,いまいちエネルギーの蓄積が足りないからである。ここは積極的にファシリテーターが動かない方がよい場面であろう。

　⑤その後,コ・ファシリテーター,ファシリテーターへの質問がメンバーから行なわれる。それに対し,2人ともできるだけ率直にていねいに答えている。

　⑥やがて他のグループの人の話,沈黙をめぐる話になるが,ファシリテーターは特に発言しない。その前に質問を受けてひとしきり話していることもあるし,またファシリテーター自身,自発的に話したいという気持ちが起こっていないからである。

　⑦終り頃にあるメンバーに焦点があてられる。そして,このメンバーのひょうひょうとした生き方を聞くうちに,グループではしばしば楽しげな笑いが起こる。ファシリテーターも一緒になって何度も大声で笑う。笑うことで疲れを癒し,エネルギーが蓄積されていると言えよう。

■第11セッション

　①2人のメンバーの会話がしばらく続く。これに対してファシリテーターは,「いつもこの2人が話をするが…」と介入する。この介入をすることで,2人の会話は中断され,別の流れになっていく。

　②あるメンバーに対しファシリテーターは,「何かこう迫力がない,何かこう他の人がね,グッと身をのり出さざるをえないようなね…」という発言をしている。これはそのメンバーへのフィードバックである。こう言われることは,その人の自己理解の進展につながっているようである。

③人に気を使うと言うメンバーに対してファシリテーターは,「相手に悪いからということですぐには言わず,その時は少々がまんして,そして自分の中でこう何か言いたいことが起こってきたら言えばいいし,起こってこなければそれでいいいたい」と助言的な発言をする。そう言われることで,メンバーは自己を変えていく方向性が見えてくると言えよう。

④その後ファシリテーターは,数人のメンバーに,何度も何度もフィードバックの発言や助言的発言をしている。そのことは,言われたメンバーの役に立っているようである。

⑤やがてあるメンバーが,家庭と職場で気を使うということを涙ながらに自己開示的発言を行なう。それに対してファシリテーターは,何度か肯定的な応答をする。そのうちこのメンバーは表情も明るくなり,「今から開けたような気分」と語る。

⑥その後のお茶が入っての雑談的な話では,ファシリテーターも一緒になってリラックスしよく笑う。一ヤマ越えての息抜きという感じである。

【終結段階】
■第12セッション

①最初から17分間の沈黙が続く。前セッションの終了時の〔ファシリテーターの感想〕では,「Ｉさんにまだ焦点があたっていないことが気がかり」と書いているが,ファシリテーターはもはやこの時点ではそこに焦点をあてない方がよいと判断し,黙っている。また,メンバーの自発的な動きが出るかどうかをしばらく待っている。

②やがてファシリテーターは沈黙を破り,ラスト・チャンスを提案している。すると同意の声があがり,やることになる。そのなかでファシリテーターは,ブリーフ・フィードバックを行なう。これは,最後の「言葉の花束」のようなものである。

③6番手のメンバーへのブリーフ・フィードバックの後,このメンバーとファシリテーターの応答となる。ファシリテーターは10回ほどの応答を行なう。しかしもう少しスッキリしない。それでファシリテーターは,「何かね,今僕の心のなかでね,ちょっと葛藤が起こってて,何かもうちょっとお話したい感じ

3. 考察

と，それからちょっとまあ一応今はそっとしておいた方がいいのかなという両方の気持ちが僕のなかで起こってて，葛藤がありますけどどっちの方がいいかな？」と述べる。するとそのメンバーは「そっとしておいて下さい」と言い，一区切りする。これは，多少中途半端ではあっても時間の制約もあるので，このような形で一区切りできそうかどうかの確認を行っているのである。

④時間の都合でファシリテーターのラストチャンスを省略しようとすると，メンバーが「イヤ，最後までしましょう…最後までね。（2人とも）メンバーの一員ですよねぇ」と言い，同意の声も出て最後までいくことになる。このような発言が自然に出てくるということは，ファシリテーターのメンバー化，メンバーのファシリテーター化が実現されていること，すなわちファシリテーションシップの共有化が行なわれたことを確認することになっていると言えよう。

⑤ファシリテーターの番になって，ファシリテーターは肯定的なしめくくりの発言をしている。「何か僕にとっては非常にこうますます人間ってのが楽しいなあという感じでね，何かこう，あの何か人間がますますこう好きになったっていうか，そんな感じでいますね」などである。肯定的なしめくくりをすることで，グループの安全感や信頼感が保持されている。

第VI章 総合的考察

 以上，グループ・プロセスの展開が違う4つのグループ（低展開グループ，中展開グループ，非典型的な高展開グループ，典型的な高展開グループ）におけるファシリテーションについて事例研究を行なってきた。ここではそこで得られた知見を総合して，第1にファシリテーターの基本的在り方，第2にグループの発展段階におけるファシリテーション技法，第3にファシリテーターの非促進的な関わり，第4にその他，に関して総合的考察を行なう。

1．ファシリテーターの基本的在り方

 ファシリテーターの基本的在り方としては，次のような3つのことが大切である。

（1） 2つの視点

 ファシリテーターは，グループの中では2つの視点を用いることが必要である。1つは，「個人の状態を把握しようとする視点」であり，もう1つは「グループの状況を把握しようとする視点」である。場面によっては，どちらかの視点がより優位になることはあるが，基本的には両方を用いている。それはあたかも人間の目が2つあることで正確なその場の認知ができるようなものである。

（2） 2つの立場

 ファシリテーターは，グループでは2つの立場で参加することが大切である。1つは，カウンセリングにおけるカウンセラーのような「他者を援助する立場」であり，もう1つはクライエントのような「他者から援助される立場」である。カウンセリングではこの2つの立場は固定的であるが，グループではファシリ

テーターであっても，両方の立場をとる点が特徴的である。ファシリテーターはややもすると，前者のみに傾きがちであるが，後者をも体験することが，自分にとってもグループにとっても有益であると思われる。

（3） 2つのファシリテーション機能

　ファシリテーターは，グループでは2つのファシリテーション機能を果たしている。1つは，メンバーなりグループにとって意味があると思われるものが出始めた時，それを見逃さず，取り上げ伸ばすこと，メンバーなりグループをある段階からもう少し上の段階へと促進するという意味での「活性化（activate）」である。もう1つは，グループからメンバーが脱落するのを防いだり，メンバーがその場に安心しておられるようにするという意味での「サポート（support）」である。

　以上の3つを一まとめに図にしたものが図6である。

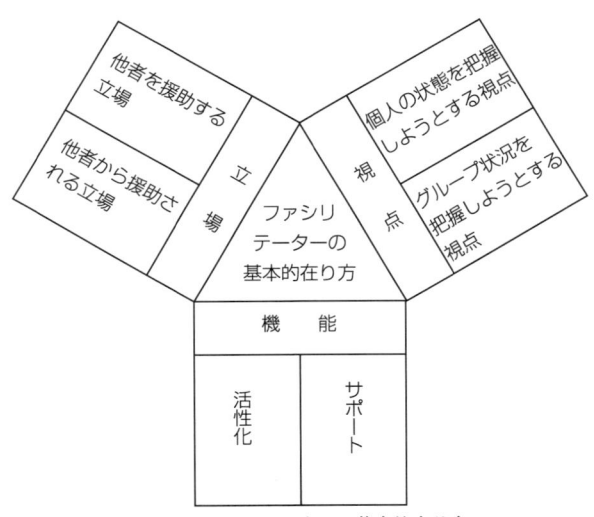

図6　ファシリテーターの基本的在り方

2．グループの発展段階におけるファシリテーション技法

　エンカウンター・グループの3つの発展段階（導入段階，展開段階，終結段階）におけるファシリテーション技法は，ファシリテーションの5つのねらい（グループの安全・信頼の雰囲気形成，相互作用の活性化，ファシリテーションシップの共有化，個人の自己理解の援助，グループからの脱落・心理的損傷の防止）ごとに整理すれば，次のようになる。

（1）　導入段階

　導入段階は，混沌とした状態であり，居心地も悪く，いろいろと試行錯誤をする段階である。この段階の主な課題は，ウォーミングアップをしながら，安全感・信頼感を高めていき，次の展開段階のためのいわば「土俵づくり」をすることである。そのために，以下のようなファシリテーション技法が必要である。

1）グループの安全・信頼の雰囲気形成のための技法

　●**特に大切なイニシャル・セッションという認識**　　導入段階のなかでも特に大切なのはイニシャル・セッションである。極論すれば，イニシャル・セッションですべてが決まるとも言えよう。このセッションでいったんうまく展開しはじめると，後はスムーズにいきやすいのであるが，そうでない場合は，後々までそれが尾を引くことになりやすい。特に期間が短い場合（3日間以内）には，とり返しがつかなくなることにもなりかねない。

　だからイニシャル・セッションにあたっては，ファシリテーターは十分に心身のコンディションを整えて臨むとともに，グループ内では，メンバーとグループの動きには敏感になり，また自分の発言や行動については相当気をつけることが肝要である。

　●**丁寧な導入の発言**　　グループの開始にあたり，どのような導入の発言をするかはとても大事である。特にエンカウンター・グループを初めて体験する人にとっては，ファシリテーターの導入の発言が，自分のその場への関わり方

の最大の手掛かりになる。それだけに，これを丁寧に行なう方がよい。そうすることで，メンバーはグループへの不安・抵抗・緊張等が和らぎ，グループへの安全感，信頼感を高めることになりやすい。

●**場面構成**　グループの安全・信頼の雰囲気を形成するためには，グループの場面構成をどのようにするかは非常に大切である。ファシリテーターによって，場面構成の原則は多少異なるが，筆者は次のようなことを基本原則としている。ⓐセッションの時間の延長はしない。ⓑメンバーの途中での出たり入ったりは認めず，参加する以上は全セッションに参加してもらう。ⓒセッションの場所については必ずしも固定せず，メンバーの希望で移動することがある。ⓓセッション中の飲食（アルコールは除く）や喫煙はかまわない。ⓔファシリテーターは全セッション参加し，セッション中は眠ったりしない。ⓕコミュニケーションの手段は言葉だけに限らない。

●**メンバーの質問に率直に答える**　グループ開始後間もない時期に，この場がどのような場であるのかを探索するために，メンバーはグループのことについてファシリテーターに質問してくることがよくある。その時に，それを無視したり，はぐらかすようなことを言ったりせずに，答えられることをできるだけ率直に述べることが，グループへの安全感を高めるのにつながるように思われる。

●**自己紹介とグループへの期待・不安の表現の提案**　導入段階のごく初期では，顔と名前がよくわからない状態であるが，できれば自己紹介のような形で，最小限のことを知ることは必要なことであると考えられる。また同時に，グループへの期待・不安を語ってもらうことも，相互にその人のことを知り合うことになり，安心できて，グループへの居心地を良くするのにつながるように思われる。だから，メンバーからこのような提案が出てこない時には，ファシリテーターの方から提案してみるとよいように思われる。

●**ウォーミングアップを図る**　グループは最初は緊張感が強く，硬い雰囲気でもある。だからファシリテーターは，できるだけ早くメンバーがその場での居心地が良くなるように，ウォーミングアップを図ることが大切である。ウォーミングアップを図るためには，最初は表面的な話をしながら徐々に相互に知りあっていくというやり方もあるし，相互理解につながるようなゲーム（例

えば「私の4つの顔」等）を導入するというやり方もある。

●**ファシリテーターの自己表現**　ファシリテーターが，「メンバーの主体性・自主性を尊重したい」，「ファシリテーターはリーダーにはならないようにしたい」という気持ちを強くもつが故に，導入段階においてメンバーから質問されたり，発言を求められたり，あるいはつっかかれたりしない限りはほとんど発言をしないことがある。しかしこのような形になると，メンバーにとっては，ファシリテーターが何者か分からず，なかなか安全感がもてないということになりやすい。ある意味では，ファシリテーターが率直に自分を出す程度に応じて，そのグループの安全感は深まっていくとも言えよう。

●**メンバーの名前を早く覚える**　互いに安全感，信頼感をもったり，グループにそのような雰囲気ができるためには，まずはファシリテーターは早くメンバーの名前を覚えることが大切である。互いに名前を知らないということは，不安や防衛を高めやすい。名前を覚えること自体が，最低限の関係づくりの第一歩でもある。そして名前を覚えたら，そのメンバーのことを語る時には，名前を呼ぶとよい。そうすると，メンバーはファシリテーターが自分の名前を覚えてくれているということがわかり，とても安心する。

●**とにかくいろいろなことを語り合ってもらうこと**　導入段階ではメンバーなりファシリテーターが，いろいろなテーマで語り合うことを提案することが多い。そのような時には，それを積極的にする方がよいように思われる。そのようないろいろな話をするなかで，話す側は自己のことを語るウォーミングアップをすることになるし，聞く側は話す人のその人らしさを知ることになる。そして，相互に知ったり知られたりすることを通して，グループの安全・信頼の雰囲気は次第に高まっていくように思われる。

●**リラックスできるようにすること**　グループの安全・信頼の雰囲気が形成されるためには，メンバーがリラックスできて，グループが和むことがとても大事である。導入段階はどうしても緊張が強い状態であるので，ファシリテーターは，自分自身がまずリラックスしたり，意識してリラックスできるような発言をしたり，リラックスできるようなことを提案したりすることが大切であるように思われる。

●**雑談的な話をグループ状況を推し測る手がかりにする**　導入段階で試行錯

誤していく際に、いろいろ雑談的な話が出ることがよくある。そのような時に、それらを単なる雑談として受け止めてしまうのではなくて、それらの話（内容）はグループ状況を何らかの形で反映しているのではと思い、どのような意味があるのだろうかとさまざまに連想してみることは、とても有益であるように思われる。つまり、そのような連想をしてみることで、グループ状況の理解が深まる可能性があるのである。

●ファシリテーターへのメンバーの印象をグループ状況を知る目安とする
グループの流れのなかで、ファシリテーターへのメンバーの印象が語られることがある。この印象は、グループの安全・信頼の雰囲気がどれほど形成されているかを知る有力な目安になる。メンバーにとってファシリテーターの透明性が高いという印象をもたれていればいるほど、いい雰囲気ができていることを示すし、逆に透明性が低いと思われていれば、まだまだ防衛的な雰囲気が残っていることを示すことになるように思われる。

●テープ録音への抵抗への対応　　時には、グループ研究のためにセッションのテープ録音が行なわれることがあるが、これはメンバーにとっては抵抗を引き起こすことがよくある。つまり、安全感や信頼感の形成にとってブレーキになることがある。それで、このことがグループの流れにとって大きなマイナスにならないようにするためには、まずは第1セッションの冒頭で、テープ録音の意図やメンバーにとってのプライバシーの保護について十分に説明することが必要である。また場合によっては、いったん録音したものを消すことも可能であることも伝える方が良いように思われる。

2) 相互作用の活性化のための技法

●長すぎる沈黙を破る介入　　ファシリテーターによる場面構成の発言の後は、グループはしばしば沈黙になる。またいったん誰かが何かを話し始め、他のメンバーからの応答が行なわれても、やがてたびたび沈黙になることが多い。導入段階におけるこのような沈黙は非常につらいものである。この段階の沈黙は、主にまだグループに対する安全感がもてないための自己防衛のために生じるので、ある程度起こることは仕方がない。しかし、これがあまりにも長く続くと、あたかも金しばりにでもあったかのようになり、動きがとれなくなる。

そして，無為に時間だけが過ぎていくことになる。だから，沈黙がかなり長くなったときには，ファシリテーターはそれを破る努力をすることが必要であるように思われる。沈黙を破るためには，沈黙中に自分のなかで感じられたこと（自分のことについてであれ，メンバーやグループについてであれ）を率直に表現するやり方がよいように思われる。

●**場つなぎ的な話し合いへの介入**　この段階には，グループが沈黙になることを避けようとするかのように，場つなぎ的に次々と誰かが話すということがよく見られる。その内容は，普通は一般的な表面的な話であることが多い。そしてしばしば別の誰かが，これらにおつき合い的に応答していく。このようなことは相互のウォーミングアップと，それなりのレベルにおける相互理解を行なうという意味では役に立つ。しかしこれらが延々と続くようになると，話し合いは惰性的に続けられてはいるが，メンバーの自我関与の度合は低くなるし，あまり意味がないということになる。だから，このような状態があまりにも長く続くような時には，ファシリテーターはそのことをフィードバックしてカットすることが必要である。

●**「職場の話」への介入**　「職場の話」というのは，看護婦であれば看護の話，教師であれば教育の場のことについての話のことである。これは特に研修会としてのグループの時には非常に多く出る。そのような時には，できるだけその話の背後にあるその人に焦点をあてることが大切である。またそのような話が延々と続くと，ファシリテーターのなかにはイライラした気持ちが起こったり，とり残されている感じがしたり等のいろいろな気持ちが起こってくるが，その時はそれを表現するとよいようである。

●**知的ディスカッションへの介入**　特に学生や若い人のグループでは知的ディスカッションが多くなりやすい。そのような時に頭ごなしにこの場はディスカッションの場ではないというようなことを言うよりは，ファシリテーターは，そのような状況に対して自分のなかでどのような気持ちが起こっているかを自分でつかみ，それを表現する方がよいようである。

●**グループ談義への介入**　グループのごく初期にこの場はどのような場であるのかをめぐって，言わば「グループ談義」が起こるのは自然である。ところが数セッションを重ねてからもこのようなことが起こる時には，直接的な相

互作用への抵抗であることが考えられる。それで，そんな時にはファシリテーターは，今ここでの人間関係にメンバーが目を向けるように促すことが必要になる。

●**相互作用を深めることへの抵抗の指摘**　導入段階では，相互作用を深めていくことへの不安・恐れ・抵抗等がしばしば生じる。相手のことをより深く知っていったり，相手に率直に思っていること・感じていることを表現することは，相手を傷つけるのでは，自分が傷つけられることになるのではないかとメンバーは非常に心配している。そのような一種の抵抗の存在にファシリテーターが気がついたならば，それを言語化して指摘する方がよい。そうすることで，その壁を乗り越えやすくなる。

●**相互作用の抵抗を克服するのに役立つコメント**　相手に率直に思っていること・感じていることを表現しながら，相互作用を深めていくということは，結構抵抗を起こさせる。そのような時に，ファシリテーターはその壁を乗り越える勇気がもてるように，人間関係についてのちょっとしたコメントをするとよいように思われる。例えば，人への評価はバラツキがあるのが普通であるというようなことを話すだけでも，少し勇気がもてることになる。

●**マンネリやダレの活性化**　グループでは同じようなパターン（例えば，『質問ゲーム』を数セッションにわたって続ける等）を長く続けるような流れになることがある。しかし，あまり長くなるとマンネリやダレが生じてきて，相互作用は沈滞化する恐れがある。そのような時には，ファシリテーターはグループについて自分が感じていること・思っていることを表明することが必要である。そうすることによって，相互作用が活性化していくように思われる。

●**他者からのフィードバックを促す**　メンバーが自己開示的なことを語り始め，他者からのフィードバックを求めると，何人かから応答が行なわれる。しかし自発的に言わない（言えない）人がいることもある。そのような時には，ファシリテーターが他者からのフィードバックを促すことが大事である。フィードバックを求めたのにそれが返ってこないということは，当人にとってはガックリすることになりやすい。他者からのフィードバックを促すことで，相互作用は活性化していくように思われる。

●**一時的に司会者的役割をとる**　2人のメンバーの発言がかみ合わないよ

うな時には，ファシリテーターは一時的に司会者的に双方の言わんとしていることをうまくつなぐ努力をしたり，質問をして発言を求めたりすることが必要である。そうすることで，相互作用は活発になり，相互理解も深まることになる。ただ，これを多く長くやると，ファシリテーターへの依存が強くなるので，できるだけ一時的に留めることが大切である。

●**ファシリテーターがあまり積極的になりすぎないこと**　メンバーが消極的で，あまり相互作用が活発でないような時には，ファシリテーターはついついたくさん質問をしたり，サポートの発言を多く入れたりしがちである。ある程度はこのようなことは必要でもあるが，あまりこれをやりすぎると，メンバーは無理して引っ張られているといった感じになり，かえって相互作用がうまくいかなくなる。だから，ファシリテーターあまり積極的になりすぎないことが大切であるように思われる。

●**自己開示的発言が出始めてしばらくの間は相互作用のズレには目をつむる**　導入段階が次第に進んでいくにつれ，メンバーは勇気を出して徐々に自己開示的な発言をし始める。そして相互作用が起こり始める。しかし，しばらくの間は（他者のことにひっかけて自分のことをチラッと語ったり等の）自己と他者の区別がはっきりしないような発言がよく見られる。そのような時に，相互作用のズレの方に焦点をあてると，メンバーは自己開示的な発言をする意欲がそがれる。だから，自己開示的発言が出始めてしばらくの間は，相互作用のズレには目をつむることが必要であるように思われる。

●**無理してのスポットライトへの対処**　セッションが進んでいくと，個人としてもグループとしてもまだ機が熟していないのに，無理してスポットライトをあててもらおうとしたり，またあてようとしたりする動きが生じることがある。そうすると，一応相互作用はいろいろ起こるのであるが，そのやりとりにいまいちパワーがなかったり，妙に疲れたりすることになる。だから相互作用がどうも動きが鈍いように感じられる時には，無理しているのではと振り返ってみる必要がある。そして，無理しているようであれば，もう少し丁寧にウォーミングアップをしたり，リラックスしたりすることが大切である。

●**まとめる発言を行なうこと**　導入段階で1つのテーマにしたがって話し合うことになっても，各メンバーの発言したい気持ちが強すぎて，そのまま自

然な流れに任せていると，バラバラに拡散してしまうことになりかねない。だからファシリテーターは時々そこでの話をまとめることが大切である。そうすることで相互作用が次第に深まっていくことになる。

●**中途半端なままの相互作用を取り上げる**　相互作用が中途半端なまま，時間切れになったり別の話にグループの流れが移っていったような場合，ファシリテーターはそのことを覚えておいて，できるだけ早い機会にそれを取り上げることが必要である。そうすることで，相互作用は深まっていくことになる。さもないと，メンバーは不完全燃焼感をもち続けることになり，相互作用の活性化の妨げになる。

●**わりこみとズレの指摘**　導入段階の初期ではわりこみとズレはよく起こるが，それを早々と指摘するとグループは動きにくくなるので，指摘しない。しかし数セッションたったら，それを指摘して本人に自覚させることが，相互作用が活発になっていくことにつながるので，ファシリテーターは指摘する必要がある。

●**グループでの新たな相互作用を促す**　グループ開始後しばらくは，メンバーは日常での対人関係（相互作用）をくり返すことが多い。その人のパターンは数セッションの間にはっきりしてくる。しかしグループのなかで従来のやり方をくり返すだけでは進歩がないので，ファシリテーターがそのような特徴に気がついたら，このグループという安全な場を借りて，新たな相互作用にチャレンジすることを促すことが大切である。

3）ファシリテーションシップの共有化のための技法

●**ファシリテーターはリーダーではないとの宣言**　グループワークが行なわれる時，普通はその担当者はメンバーからリーダーとみなされるし，実際リーダーをつとめる。しかし，エンカウンター・グループの場合は，普通考えられるようなリーダーではない。だから，グループの場面構成にあたって，ファシリテーターは「自分はリーダーではない。基本的にはメンバーである」ときちんと宣言しておくことは大切である。このように宣言しておくことが，ファシリテーションシップの共有化に向けての第一歩になる。

●**メンバーの自発的提案の尊重**　この場は，皆がやりたいこと，やれるこ

とを一緒にやっていく場であるとファシリテーターが導入の発言でした後，メンバーは恐る恐るやりたいことを自発的に提案をし始める。それに対し，ファシリテーターが反対したりせずに，それを尊重すること，一緒にその提案にのることは，メンバーが次第にファシリテーションシップをとるようになっていくことにつながる。

●**ファシリテーターへの依存への対処**　ファシリテーターが冒頭の場面構成の発言のなかで，「この場は自由であること，ファシリテーターはリーダーでないこと」を話しても，グループは特に始まってしばらくの間はどうしてもファシリテーターに依存しようとすることが多い（時には反動的にファシリテーターをわざと無視する態度をとるグループもあるが…）。すなわち，ファシリテーターに対して，グループの進め方，グループの性質，ファシリテーターの役割等についての質問が次々と行なわれたり，あるいはファシリテーターが中心になってこの場の構造化をしてほしいとの要望が出されたりすることがよくある。

　このような依存に対して，ファシリテーターがどのように対処するかは，その後のグループ発達のためには非常に大切なポイントである。それだけになかなか難しい。ここで依存に対してファシリテーターが，グループの自発性，主体性を尊重するために，依存を拒否したり無視したりするような態度をとったり，依存に応じられないという態度をとると，グループはファシリテーターを攻撃するか，逆にファシリテーターを無視しようとするような状態になりやすい。その際，このような状態について話し会うことを通してこの危機場面をのりこえることができれば，グループは一歩前進するのであるが，そのようにうまくいかないと，ファシリテーターへの不信感，不満感だけが後々まで続き，グループの安全感は高まらず，グループはモタモタすることになる。またこの依存に対してファシリテーターが応じれば，グループはスムーズに進むことになるが，そうなるとファシリテーターは中心的存在になってしまい，メンバー相互のダイナミックな自発的，主体的な相互作用が起こりにくいように思われる。

　筆者はこの依存に対しては，拒否したり無視したりしているという印象をできるだけ与えないように配慮しつつ，必ず応答をし，原則的には冒頭の場面構

成と同じ内容のことを述べたり，自分のなかでその時感じられていることを率直に表現することがよいように思う。

●**ファシリテーターが「特別な存在」扱いされることへの対処**　導入段階におけるファシリテーターは「特別な存在」としてメンバーに見られている。そのためファシリテーターの発言や行動は，メンバーのそれに比べるとその影響力が非常に大きい。例えば，ファシリテーターがグループの在り方等に関連した発言をすると，メンバーはそれに強くとらわれてしまうことがある。またファシリテーターがメンバーに対して特に否定的な発言をすると，それはメンバーにとってはかなりこたえることになる。あるいは，発言をしないで沈黙していると，それはそれなりにメンバーの沈黙とは違った影響力をもつ。

だからファシリテーターは，この時期の自分の発言や行動についてはかなり慎重でなければいけないし，かつ，それがどれほどの影響を及ぼしているかについて敏感でなければならないように思われる。

●**メンバー主導の流れの展開の尊重**　導入段階の混沌として居心地が悪いなかで，メンバーはいろいろな話題をもち出したり，さまざまな提案をして，試行錯誤の努力を始める。そして，そのようなことをやりながら，グループも個人もウォーミングアップしてくる。だから，そのようなメンバーの自発的な動きに対し，ファシリテーターはそれを尊重することが大事である。ファシリテーターがあまりにもせっかちに介入をして，メンバーの主体性の発揮を妨害するようなことがないようくれぐれも気をつけなければならない。

4）個人の自己理解の援助のための技法

●**メンバーの気持ちの明確化**　メンバーによっては何か言いたいのだけども，自分の気持ちをうまく表現できず，モタモタして自分でもじれったく思っているというような状況がある。それをこちらがうまくキャッチすることができる場合には，明確化してやることが必要でかつ有益である。

●**大事な自己表現をすかさず取り上げる**　導入段階の後半になってくると，メンバーが大事な自己表現をチラッとすることが多くなってくる。そのような時にファシリテーターは，それを見逃さず，すかさず取り上げることが大切である。そうしないと，すぐにグループの焦点は別のところに移っていく。取り

上げることができれば，自己理解への展開へとつながっていく。

　●**一般論ではなくて自分のことを語るよう促す**　しばらくは一般論的な話し合いになることが多いが，次第にそれでは面白くなくなってくるし，話している人にとってもあまり意味がない。それでセッションがある程度進んできても一般論が続くようであれば，ファシリテーターは自分のことを語るよう促すような介入をすることが必要になる。そうすることで，自己理解の進展に意味があるような自己表現が出やすくなる。

　●**自己変革の示唆**　導入段階では，メンバーによっては職場にもどってからの研修報告をどうするかを気にしている。一定の知識や技術を持ち帰らねばという気持ちがあるのである。これに対してファシリテーターは，グループは自己変革の場であるということを示唆することが必要である。そうすることでメンバーは，自己理解に向けての心がまえができることになる。

5）グループからの脱落・心理的損傷の防止のための技法

　●**早く内面を出しすぎる人への対処**　一般にはこの段階はあまりあたりさわりがないような話が中心であるが，時にはこの段階に自己のかなり深い内面的なことを話し始める人がいる。そのようになる人としては，問題意識をかなりはっきりもってグループに参加し，大きな期待をしている人と，その場がしらけることを恐れるかのようにして，やや強迫的に，話す準備が十分できていないのに，自分のことをついつい話す人がいるように思われる。

　しかし，いずれにしてもこの段階にかなり深いことを話しても，グループにはそれを受けとめることができるような readiness は十分にできていないので，話した人はたいてい理解されなかったという不満足感をもったり，罪悪感・後悔の気持ちを抱いたりしがちである。だから，この段階にかなり深いことが出されそうな時には，ファシリテーターはそれにストップをかけ，グループの readiness ができたところで改めて深く話してもらうようにする方がよいようである。

　●**大勢と違う発言をする人を大切に扱う**　ほとんどのメンバーが一定の方向に動こうとしている時に，それと違う発言をする人がいる時には，ファシリテーターはその人を大切に扱う必要がある。というのは，そのような発言をす

ることは緊張することであるし，まずはその人の発言の趣旨が落ち着いて十分表現されるようにしなければならない。次に，そのように違うことを言うということは，グループの状況によっては，スケープ・ゴートの標的にされかねないので，そのようにならないようにくれぐれも気をつけるようにしなければならない。

●**参加のための発言に注意**　メンバーによってはあまり発言せず，時々その場にそぐわないようなことを言ったりすることがよくあるが，それはその人が何とかグループに参加したいということを表わしていることがよくある。だから，あまり発言していない人がめずらしく発言する時には，そのような意味ではないかと思ってみることが必要である。そして，発言のきっかけをつくるとよい。

●**発言しない人への対処**　構造がはっきりしない状況の下で，何人かのメンバーは積極的に模索を行ない，何度も発言する。しかしなかにはほとんど発言せず，沈黙を続ける人がいる。そのような人には2つのタイプがあるようである。1つは，発言しなくてもその人はその人なりの満足をしてる人と，もう1つは発言したいのにできずに悶々としている人である。前者の場合は，本人はそれなりによくても，他のメンバーからは一方的に自分達を観察されているという感じをもたれやすく，グループの安全感づくりにはマイナスになることがある。後者の場合は，そのままの状態で導入段階を終わると，その後は最後までほとんど発言したくてもできないという状態が固定化してしまい，不完全燃焼感が残ることになりやすい。

　だから，できれば導入段階において，全員がある程度以上は，どのような内容であれとにかく発言するという機会をもつ方がよいようである。

●**スケープ・ゴート現象への対処**　導入段階のなかでも，村山・野島（1977）の「段階Ⅲ：否定的感情の表明」に入ると，特定のメンバー（いろんな点でグループのなかで目立つ人，異質な感じがする人）やファシリテーターへの批判，攻撃等がよく起こる。これらは，グループがなかなか進まないこと，なかなか居心地が良くならないことのモヤモヤした気持ちを，特定の人にぶつけることで発散させようとしているという意味でのスケープ・ゴート（scape goat）現象であることが多い。

ところが，グループのなかにいると，このようなスケープ・ゴート現象をそれとしてはっきり意識化することはなかなかできず，後で冷静に客観的にふり返ってみて，初めて気づくことが多い。そのために，グループのなかでは，スケープ・ゴートにされた人が，必要以上に（あるいは不当に）攻撃され傷つけられているにもかかわらず，ファシリテーターもメンバーもそれに気づかず，場合によってはファシリテーターも一緒になって攻撃を行なうことさえある。そして最悪の場合には，このようななかで心理的損傷が起こったり，ドロップ・アウト（drop out）が起こることがよくある。

　だからこのような段階に激しい批判，攻撃が起こる時には，ファシリテーターは，「これはもしかしたらスケープ・ゴート現象ではなかろうか？」と自問自答し，もしそうなら止める努力をしなければならない。

　●**ドロップ・アウトへの対処**　　導入段階はグループ全体の展開にとっても非常に難しく，きつく苦しいのであるが，メンバー個々人にとってもなかなか大変である。そのため，この段階にある程度以上の安全感を何とか得たり，グループにいることの意味をある程度感じることができなければ，メンバーによってはドロップ・アウトをするような事態が生じることがある。

　だからファシリテーターは，グループの中でそのようなきざしがある人（急発言の人等）に気づいたら，できるだけグループにコミットできるように働きかけることが必要である。場合によっては，セッション以外の時間に話し合うことも有効である。もし，カウンセラー的な人が配置されていれば，その人に動いてもらうことも1つの方法である。

（2）　展開段階

　展開段階では，グループとしてのまとまりができ，安全感・信頼感・親密感が高まり，1人1人にスポットライトがあてられるようになる。この段階の主な課題は，率直な自己表明や関わり，まじめすぎる進行の「息切れ」の防止，長すぎる「一休み」の防止である。そのために，以下のようなファシリテーション技法が必要である。

1）グループの安全・信頼の雰囲気形成のための技法

●**まじめすぎる進行への対処**　一般には「深い相互関係と自己直面」がしばらく続くと，その後は自然と「親密感の確立」に移行することが多い。しかし時には前者だけが数時間，数セッション続くことがある。しかし，このような状態を長く続けることは，一種の緊張状態を持続させることになり，（それが意識されているかどうかは別として）疲労が蓄積されて，グループの柔軟性が減少し，硬直化していくことになる。またメンバーにとってもファシリテーターにとってもエネルギーが低下し，グループはあまりうまく展開しないようになる。また体験されたことが十分消化されないようになる。

だから，あまりにも長時間このようなまじめすぎる進行が続く場合には，ファシリテーターから，（リラックスし，よりよい展開に向けてのエネルギー充電のための）休憩，ゲームや散歩，スポーツ等の提案をすることが必要である。

●**グループの進展の早すぎに介入**　グループの進展におけるメンバーの状態には個人差がある。それであまりにも早く先頭をいく人のペースで進みすぎると，どうしてもそれについていけない人が出てくる。不安が強くなって，安全感がもちにくくなる。このような状態はそのままにしていても，時間が十分あれば，「ゆりもどし」という形でしかるべき状態になっていく。しかしできればファシリテーターはそのような状態を敏感に察知し，ついていけないように思われる人に対して，そのつど今のペースでいいのかどうかについて確認をする方がよいように思われる。

●**ファシリテーターが率直に語る**　展開段階に入ってから，ファシリテーターはメンバーから質問をされたり，疑問をぶつけられたりすることがある。そのような時に，ファシリテーターは率直に自分が思っていることを語ることが大切である。建前での発言，カッコをつけた発言はしないことである。ファシリテーターの考えとメンバーの考えが食い違っているような場合でも，本当に思っていることを話す方がよい。そうすることが，グループの安全感や信頼感の維持に貢献するように思われる。

2）相互作用の活性化のための技法

●**「私は…」と発言することを勧める**　メンバーの発言のなかには，「○○

さんはあなたに対して〇〇と言っている」といったような発言が時々見られる。しかし，このような発言では，その発言の主旨の責任がどこにあるのかわかりにくい。だから，このような発言に対しては，「私は…」といった発言をすることを求める方がよいように思われる。そうすることで，お互いにダイレクトに相互作用を深めることができるようになる。

　●**グループが停滞している時の介入**　　グループでは意識的，無意識的な防衛のために停滞した状況になることがある。そのような時にはファシリテーターは不満な感じが起こったり，どうもおもしろくないと感じたりすることになる。そのような時，その気持ちをストレートに表現することが，そのような状況の打開につながることが多い。

　●**他者への発言の促し**　　この段階では1人の人をめぐってスポットライトがあてられ，いろいろなフィードバックが行なわれるようになる。そのような時に，ファシリテーターはできるだけ多くの人からの発言が出るように促すことが大事であるように思われる。というのは，相互に率直に言い合うことは，相互作用を活性化するのに有益だからである。

　●**惰性的に関わっていないかどうかの確認**　　スポットライトが1人の人に当てられてしばらくするうちに，その人に関わっている人達がのれないようになっているのに，惰性で関わり続けようとするようなことがある。しかし，惰性で関わってもあまり意味のある進展にはなりにくい。だから，ファシリテーターが惰性的になっているのではと気になったら，グループにそれを確認してみることが必要である。

　●**だれる状態への対処**　　普通は「親密感の確立」がしばらく続いた後には，自然と「深い相互関係と自己直面」に移行していくのであるが，時には前者の状態が惰性的に長びき，だれることがある（これは，ある意味では抵抗が生じているためでもあろう）。「親密感の確立」の状態をある程度体験することは，前段階までの疲れを休めたり，またリラックスし，のびのびすることによってエネルギーを充電し，次の段階への準備をすることになるのであるが，必要以上に長すぎると，無意味であるばかりでなく，せっかくグループが進展している状態にとってはマイナスでさえある。だから，だれる状態が起こり始めて，しかもメンバーからこれを打ち破ろうとする動きが出てきそうにない時には，

ファシリテーターはそのことを話題にする必要がある。

●**状況の整理**　グループでは十数人の人々が相互作用をし合っているのであり，時々グループの状況がどうなっているのかわからなくなってしまい，混沌とした状態になることがある。それを放置しておくと，グループはますます混乱していく。そのような時には，ファシリテーターは流れをいったんストップさせ，状況について簡潔に整理し，それをメンバーに伝える必要がある。

●**コミュニケーションの交通整理**　グループのなかではほぼ同時に，複数のメンバーがそれぞれ発言をしたくて，かちあうことがある。それをそのままにしておくと，わりこみが起こったりズレが起こったりで，グループの焦点は定まらず，モタモタした状態になる。そのような時には，ファシリテーターはあるメンバーの発言は一時的に待ってもらう等のコミュニケーションの交通整理をする必要がある。

●**メンバーとメンバーのパイプ役的介入**　メンバー同士話しているのをよく聞いていると，お互いに相手の言っていることを正確に理解しないままに，とにかくしゃべりまくっているという状態であったり，話し合ってはいてもお互いが何かピンとこないといった状態であったりする。そのような時には，ファシリテーターはなかに立って，パイプ役をする必要がある。

●**発言者が固定することへの介入**　時々，発言者が固定してしまい，他の人は黙ってしまうことがある。そうなるとグループは停滞してくる。だから，そのような状況が生まれて，メンバーからそれを中断させるような動きが出てこない時には，ファシリテーターは積極的にそのことを話題にする方がよい。話題にすることで，固定した流れは中断され，新たな流れを生み出すことになる。

3）ファシリテーションシップの共有化のための技法

●**ファシリテーターのメンバー化**　展開段階に入るとファシリテーターは次第にメンバー化し，ほとんどメンバーと変わらないような行動をとったり，そのような意識になったりするし，かつメンバーからの特別な認知も減少する。このような状況に近づくほどグループとしてはかなりうまく展開していることになる。逆に，ファシリテーターがいろいろな意味で"特別"であればあるほ

どグループとしてはあまりうまくいっていないことになる。つまり，どれだけファシリテーターがメンバー化できるかは，グループ展開にとっては大きな鍵である。

ただ，ファシリテーターのメンバー化といっても，ファシリテーターという名称がついている（役割をもっている，責任をもっている）以上，全くメンバー化するわけではなく，ほとんどメンバーと同じようになるということである。この点は非常に微妙なところであるが，ファシリテーターにとっては，重要なところであるように思われる。

●**メンバーのファシリテーター化の尊重**　展開段階では，メンバーは次第にグループにとって，個人にとって建設的・援助的な発言をするようになり始める。ファシリテーターよりもより敏感にグループや個人の状態を理解し，ファシリテーターが思いつかないようなすばらしい発言が出てくるようになることもしばしばである。そのような時に，ファシリテーターが（自分がイニシアチブをとろうとして）それに対し対抗的になろうとするようなことをせず，素直にそれを認め，喜び，信頼することが大切である。そうすることで，メンバーがもつファシリテーションシップがどんどん発揮されるようになり，グループはさらに展開していくことになる。

4）個人の自己理解の援助のための技法

●**自己開示的発言への応答**　この段階では参加者は自発的に自己開示的発言をし始めるようになる。そのような時に普通はメンバーが積極的に応答をして，その人の自己理解が深まっていくことが多い。しかし場合によっては，メンバーの応答が少なかったり鈍かったりするようなことがある。そのような時には，ファシリテーターは積極的にその人への応答をしていく必要がある。

●**メンバーをめぐる状況の明確化**　メンバーは職場や家庭での悩みなどを率直に自己開示するようになる。そしてグループのスポットライトがあてられるようになるが，時々メンバーは自分をめぐる状況がよく見えていないことがある。それでファシリテーターはそれを明確化するような発言をする必要がある。そうすることで，そのメンバーの自己理解は進んでいくことになる。

●**メンバーへのフィードバック**　グループで一緒に長く過ごしているとそ

れぞれのメンバーについてのいろいろなイメージができたり，いろいろな気持ちが起こったりするが，それを機会を見つけてできるだけ表現していくことがその人の自己理解につながることが多い。だから，ファシリテーターはそれらのフィードバックを積極的に行なう方がよい。ただその際，ファシリテーターが否定的なことをフィードバックする時には，他の同じメンバーから言われるよりもかなり強くこたえるので，その点は十分慎重にする必要がある。

●**自己理解の進展が行き詰まったらいったんストップをかける**　自己開示をし始めた人に，他の人が関わり，自己理解を深めるよう援助する動きが生じたにもかかわらず，1時間（個人カウンセリングの1セッションに相当）くらいたってもいまいち進展が見られないことがある。このような時に，そのままその動きを続けると，本人も周りも集中力が落ちてくるので，ファシリテーターはいったんストップ（相撲の水入のようなもの）をかけ，後で再取組をする方が良い。

●**中途半端で時間切れになっていた人を取り上げる**　思い切って自己開示をして，ある程度やりとりが行なわれたけれども，きちんと一区切りするところまでいかずに時間切れになることがある。このような時には，たいてい他のメンバーが次のセッションの最初で取り上げることが多い。しかしそうでない場合には，ファシリテーターはきちんと取り上げることが必要である。さもないと，その人の自己理解は中途半端になり，不満を抱くことになる。

●**取り上げられずに流された問題への対処**　自分の問題を何とかしたいと思い，勇気を出して（時にははっきり，時にはチラッと）そのことを表明したのに，グループの流れの都合上，スポットライトは別のところにいき，その人は中途半端なままになるということが時々起こる。普通はこのような場合には，他のメンバーがそれに気づいて後で再び取り上げたり，あるいは本人が再度表明したりして，スポットライトがあてられることになる。しかしこのいずれでもない場合には，問題は流されたままになる。このような時には，ファシリテーターは折を見つけて，この取り上げられずに流された問題にグループのスポットライトがあてられるようにすることが必要である。

●**理解できたことを伝える**　メンバーがひとしきり話をしたところで，ファシリテーターは自分がその人のことをどのように理解できたかを伝えること

は大切である。メンバーは，伝えるられることを聞きながら，「そうである」とか「違う」とか言いながら，改めて自分のことを客観視できることになる。

●**洞察的発言の確認**　深い相互作用をしながら自己をめぐり発言したり，他者からフィードバックを受けたりするなかで，それまで思いもしなかった自分が見えてきて，洞察的な発言をすることがある。そのような時には，ファシリテーターがそれを改めて確認することが，自己理解を定着させることになるように思われる。

●**寄せられたフィードバックの整理**　スポットライトをあてられるなかで，多くの人からたくさんの有益なフィードバックが寄せられる。しかし，一度にいろいろなことが言われるので，せっかくいいことを言われても，言われた方は忘れたり一寸混乱したりしかねない。それでファシリテーターがそれらを整理してまとめてその人に伝えることは，その人が自分を考えていく上で，非常に役に立つように思われる。

●**メンバーへの助言的発言**　展開段階で自己をめぐりひとしきりスポットライトがあてられると，次第に自己理解が進んでいく。そして自己変革したいという気持ちが起こってくる。そのような時に，ファシリテーターはその方向性ややり方について助言的発言ができるようであれば，する方がよいように思われる。ただその際に気をつけることは，くれぐれも押しつけがましくならないように言うことである。

5) グループからの脱落・心理的損傷の防止のための技法

●**本当に話したいかどうかの確認**　この段階では1人1人にスポットライトが当てられるようになり，焦点の人は自己開示をするようになる。その時，本人が望んで自己開示をする場合は問題はないが，時にはグループに引きずられてダラダラと話をするようなこともある。そうなると，心理的損傷の危険性が高まる。だからそのような時にはファシリテーターは，その人が本当に話したいのかどうかの確認をする必要がある。

●**長すぎるスポットライトへの対処**　この時期になると1人1人にスポットライトがあてられるようになるが，普通は1人で1〜2時間でそれなりに区切りがつくことが多い。しかしなかにはこれくらいではカタがつかず，長時間

スポットライトがあてられる人がいる。

　けれどもこのような長すぎるスポットライトは問題である。というのは，2時間を越えるようになると，スポットライトをあてられている本人も，他のメンバーも（それが意識されているかどうかは別として）疲労してきて，注意力，集中力，思考力が落ちてきてコミュニケーションがうまくいかなくなったり，その場での体験を意味あるような形で吸収していくことができにくくなったりしがちだからである。だからスポットライトが2時間を超える場合には，ファシリテーターはそこで休憩を提案したり，「仕切り直し」（その人のことはいったんそれまででストップし，しばらくしてもう一度取り組むこと）を提案する方がよいように思われる。

　そして同一人が通算して約6時間をかけても，一応の区切りがつきそうにない場合には，とにかくその人へのスポットライトにストップをかけ，それ以上はグループ内で，深追いをしないようにする方がよいようである。グループは決して万能的なものではないのであり，そのあたりがその時のそのグループにとっても，またそのグループにおけるその人にとっても限界のように思われる。そしてそのような人に対しては，グループ・セッション外でファシリテーターやカウンセラーが接触すること等が必要である。

　なお，ついでに言えば，長時間スポットライトがあてられるようになる人は，かなり重い問題をもっている人であることが多く，相当の時間をかけても，あまり深まらないし，本人も満足しないようである。それに下手に深まると，グループでそれを受け止めきれず，結果的には本人に心理的損傷を生じさせることにもなりかねない。だからこのような人に対しては，ファシリテーターは十分に気をつけ，慎重な対応をすることが大切である。

　●**イライラしての攻撃的発言に注意**　　スポットライトが当てられている人に関わっていく時に，その人がダラダラしたりモタモタしたりして，関わる側がモヤモヤしたりイライラしたりして，ややもすると攻撃的に発言をすることがある。しかし，そのような発言は心理的損傷を引き起こしかねない。だから，そのような否定的な気持ちがあって発言をしようとする時には，くれぐれもその人を傷つけることがないようにかなり気をつける必要がある。

　●**充分にのれない人への対処**　　展開段階に入ってしばらくは，グループに

充分のれる人とあまりのれていない人,充分に自己表現できる人とできない人,充分にリラックスできる人とできない人などの個人差がかなりはっきりある。展開段階に入ったからといって一挙に全員が同じレベルに達するわけではなく,時間をかけて「親密感の確立」と「深い相互関係と自己直面」を交互にくり返すなかで,全員が一定のレベル以上に達していくのである。このため,前者から後者への不満が,また後者からグループや前者への不満が出されることになる。そして普通はこのような不満を契機として,グループはさらに深まっていく。

ただその際,後者への対処の仕方には慎重を要する。ややもするとグループの勢いでそのような人を強引に引っ張ろうとするような状態になりやすいが,その時無理をすると後でその人は自己嫌悪に陥ったり,罪悪感をもったり,反応を起こしたり,心理的損傷を受けたりすることがある。けれども他方では,少し引っ張ることでその人に勇気が湧き,思いきって動いてみて,心理的成長につながることもある。だから,引っ張ることが無理をさせることになるのか,あるいは成長へのきっかけになるのかについて,ファシリテーターはかなり敏感に状況を判断し,適切な行動をすることが必要である。

●**場を緊張させる率直な発言に寄りそう**　この段階では,より深い相互関係を求める気持ちが強くなるので,他の人からの反応が鈍かったりするような時に,それへの不満を率直に発言するようなことが起こる。そしてそれはグループに緊張を生む。そして下手をすると,その発言者は浮いてしまったり,逆に攻撃されて傷つく恐れがある。だからそのような発言があったら,ファシリテーターはその発言に寄りそい,その人を守る必要がある。

(3) 終結段階

終結段階は,中展開・高展開グループでは,満足感があり,心地よい雰囲気のなかで終わりを迎える。低展開グループでは,不満足感が強く,なんとかおさまりをつける努力が行なわれる。この段階の主な課題は,グループ終了に伴う分離不安の処理,グループ体験の振り返り,グループ体験から現実生活への移行である。そのために,以下のようなファシリテーション技法が必要である。

1）グループの安全・信頼の雰囲気形成のための技法

●先に進むことの是非の判断　終わりの時が近くなり，終結段階を迎える頃になった時に，先に進む（新しい問題にスポットをあてる）かどうかが問題になる。先に進んだ場合，うまく時間内にそれが展開すれば，グループは盛り上がりのうちに終わることになり良いのであるが，そうでない場合には中途半端なままに終わることになる。どちらになるかはやってみないとわからない。

グループがうまく展開してきた場合にはそうでもないが，うまく展開していない場合には，ファシリテーターもメンバーも焦って先に進もうとすることが多いようである。しかし，焦りの気持ちで進んでもなかなかうまくいかないようである。しかも，終わり近くになってスポットライトがあてられるような問題は，深い問題であるようなことが多く，少々の時間と労力ではどうもうまくいかないようである。

だから，グループがうまく展開していてもいなくても，できるだけ先に進まない方がよいように思われる。

●ファシリテーターの不満表出への注意　グループがうまくいかなかった場合には，ファシリテーターには，うまく展開しなかったことへの不満，失敗感，罪悪感等の否定的な感情が生じる。そのため，面白くない気持ち，何かモヤモヤした気持ちになる。そしてそれをグループやメンバー個々人へのネガティヴ・フィードバックという形でぶつける（表出する）ことがある。その際，このような心のからくりは自分では意識していないことが多い。ファシリテーターも人間だから，多少はむしゃくしゃした気持ちを表出して解消しないとおさまらないのではあるが，そのような形でのネガティヴ・フィードバックは，グループにとってもメンバーにとっても有益ではなく，むしろ傷つけることが多い。だからファシリテーターは，グループがうまくいかない場合にネガティヴ・フィードバックをしたくなる時にはくれぐれも要注意である。

●時間の延長についての判断　充分にグループが展開しない場合，何とかそれなりの区切りをつけるために，時間の延長がメンバーから提案されることになる。このような場合にどうするかは難しいことであるが，原則的には延長しない方がよいようである。しかし，少し延長することで何とか区切りがつきそうな見通しがかなりはっきりある場合には，延長してもよいと思われる。た

だその際にも，全員が延長に賛成であることが必要だし，あらかじめどれだけの延長（最大限1時間）ということをきちんと設定し，それ以上は再延長はしない方がよい。

●**肯定的なしめくくりの発言**　グループの終わりにあたって，ファシリテーターは一言述べることになるが，その際には肯定的なしめくくりの発言をすることが大事である。グループの流れ，メンバー，自分などについてたいてい話すことになるが，できるだけ肯定的な面に焦点をあてる方がよい。そうすることで，グループは安全感と信頼感の雰囲気のなかで終結に至ることができるように思われる。

2）相互作用の活性化のための技法

●**相互作用を積極的に深めないこと**　終結段階になって，それまで出せなかった自分を出す人があり，それにファシリテーターもメンバーも関わっていきたいという誘惑にかられることがあるが，決してそうしてはならない。ファシリテーターは，そのような時には積極的に深く関わらないようにしながら，できるだけサラリとその場をおさめるようにする必要がある。そうしなければ，グループは終結せずにエキサイトし，おさまらないことになる。

3）ファシリテーションシップの共有化のための技法

●**ファシリテーションシップの共有化の確認**　グループ・プロセスがかなりうまく展開したグループでは，自発的にメンバーから「このグループのファシリテーターは私達だった」という声が出ることが多い。つまりファシリテーターだけに依存してグループが動いたのではなく，メンバーそれぞれがファシリテーションシップを発揮して，グループが進展してきたという実感が言語化されるのである。このように言語化された場合は，ファシリテーターも同感であるという気持ちを率直に表明し，みんなでそのことを確認すればよい。

　また，実際はファシリテーションシップの共有化によってグループが進展してきているのに，メンバーからはっきりとそのような発言が出ない場合は，ファシリテーターの方からそのような気持ちを述べて，メンバーとともにそのことを確認するようにした方がよいように思われる。

4）個人の自己理解の援助のための技法

●**ブリーフ・フィードバック**　終結段階になると通常すべてのメンバーは，グループが終わることを惜しんだり，グループ体験の振り返りをしたり，現実生活に向けての気持ちを語ったりするようになる。その折に，ファシリテーターはこのたびのグループのなかでその人に対して感じたこと・思ったことなどでまだ伝えていないことを，簡潔にフィードバックすることが大切である。集中的なグループ体験のなかでファシリテーターがもった印象は，その人の自己理解の援助になることが多い。

●**終ってもよいかどうかの確認をして一区切りする**　最終セッションになってから，自己表現を積極的に始める人がいる。最後だということでの焦りもあるのかもしれない。しかし，終了予定時間は決められているし，そこで深入りはできない。だからファシリテーターとしては，ある程度メンバーが話したところで，やんわりと（時間のこともあるし）終ってもよいかどうかの確認をして，一区切りつけることが必要である。それをしないと，ギリギリまでその人は話し続けて，結局は中途半端で放り出すことになりかねない。

5）グループからの脱落・心理的損傷の防止のための技法

●**ラスト・チャンスの設定**　グループがうまく展開していてもいなくても，最終セッションでラスト・チャンス（全員が1人10分間ぐらいの時間をもち，その時間はその人が何かを話してもよいし，他の人からのフィードバックを求めてもよいし，要するに自由に使ってよいということにする）を提案することは有益であることが多い。そうするとグループ経験が良かった人は満足感と感謝を述べたり，今後の意欲を語ったりするし，良くなかった人は不満を述べたり，他の人からのフィードバックを求めたり，質問をしたりするという形で，その人の経験に応じて，それなりの最後のしめくくりが行なわれていく。筆者は最終セッションは終結のための特別なセッションであると考えているので，グループ経験に区切りをつけるという意味では，このやり方はよいように思われる。

●**不満足な人への対処**　（その程度はいろいろであるが）グループに不満足な人は，うまく展開していないグループでは当然多く出る。しかし，かなり

うまく展開したグループでも数人は出ることがある。そのような場合にファシリテーターとしては，（メンバーはせっかく時間と費用をかけてグループに参加しているのであるから）できるだけ不満足感を和らげ，少しでも満足感をもってもらう努力をすることが必要であるように思われる。具体的には，そのような人に発言を求めて不満足感を言葉で表現してもらい，それに応答したり，あるいはその人に対しての有益なフィードバックをすることが有効なことがある。

●**おさまりへの努力**　グループが充分に展開していない場合には，何とかおさまりをつけようとして，全員での相互フィードバック，握手，拍手，肩を組んで歌う等が行なわれることがある。このようにすることで，少しでも不満，不燃焼感，物足りなさなどを解消しようとするのである。もちろんそうしたからといって根本的には不満足感はどうしようもないのであるが。これはグループの終結期にあたっての大切な儀式であるように思われる。こういう形で一応の区切りをつけることは，現実復帰のためにも必要なようである。

このような努力は，メンバーのなかから自発的になされることもあるが，もしそうでない場合には，ファシリテーターから提案することもある。ただその際メンバーによっては，「とてもその気になれない」という人がいるが，その場合は，決して無理強いしないことが大切である。

3．ファシリテーターの非促進的関わり

ファシリテーターがやってはならない非促進的関わりは，次のようなものである。

①ファシリテーターが自分を開かないこと

ファシリテーターが他の人への「援助的立場」のみをとり，「被援助的立場」をとらないことや，「援助的立場」での関わりの際に，自分の気持ちを表に出さず，第三者的に関わることは促進的でないばかりか，防衛を増大させるように思われる。

②グループを動かそうと力むこと

グループがなかなか進展しないときに，ファシリテーターが焦ってしまい，何とかグループを動かさなければと力むことは，かえってグループを固くさせてしまうことが多い。

③こうあるべきということの押しつけ

ファシリテーターにはグループについての自分なりのイメージがあり，それをこうあるべきという形で，グループに押しつけることがあるが，そのようなことはあまり促進的ではない。これをやりすぎると，メンバーは萎縮してしまい，のびやかさがなくなる。

④第三者的な説明や解釈

グループのプロセスあるいはメンバーについて，第三者的に状況を説明したり，解釈することは，グループやメンバーを促進したり，安全感をつくるうえではマイナスであり，あまり有益ではない。

⑤先入観にとらわれること

たとえば，自己紹介，事例研究的な話となると，すぐ自動的にそれをカットしたくなることがあるが，その場合，それはこちらの先入観（そのような話は意味がないのでカットすべきである）によるものか，それとも本当にその時イヤだという気持ちが起こっているのかを自己確認する必要がある。前者の場合には，あまり促進的ではない。

⑥最終セッション近くになって新たな問題に焦点をあてること

グループは一定の時間が限られているので，最終セッション近くになって，新たな問題に焦点をあてると，中途半端なままに終り，心理的損傷が発生したりすることになりやすい。その頃になって焦点があたる人のなかには，きわめて深い問題が秘められており，ちょっとやそっとではなかなか一段落という具合にはいかないことが多い。

最終セッション近くなってきたらファシリテーターは，終結ということを考

えて，新たに先に進むよりは，それまでをふり返って，不完全燃焼のところを処理する方がよいように思われる。

4. そ の 他

(1) エンカウンター・グループから日常生活への移行に向けての技法

　エンカウンター・グループには，エンカウンター・グループ文化とも呼ぶべき独特のあり方やふるまい方（例えば"今ここ"の重視，正直・率直・素直であること等）があるが，それらをそのまま日常生活にもち込むことで，トラブルが生じることがある。だから，そのようなことを防止するために，エンカウンター・グループ・ワークショップでは（アフター・セッションとなる）最後の全体会で，オーガナイザーはエンカウンター・グループと日常の文化の違いについて注意を喚起するような話を行なう。グループが1グループの時は，（ファシリテーターがオーガナイザーでもあるので）ファシリテーターがそのような話を行なうことになる。

　エンカウンター・グループが日常から遊離してしまわないようにするには，このような手順を踏むことは大事である。（グループ内）ファシリテーション技法にはこれは含まれないが，オーガナイザー（あるいはファシリテーター）はこの手順を踏むことをきちんとやることが大切である。

(2) 先行研究と本研究の比較

　発展段階におけるファシリテーション技法を論じた先行研究としては，山口（1982）〔その概要は表9〕，宮崎（1983）〔その概要は表10〕がある。これらと本研究〔その概要は表11〕を比較すると，次の2つの点が異なる。

　①3つの発展段階について——先行研究は（3つの発達段階を単に時系列的にとらえているので）時間の経過とともに3つの発展段階は自動的に生起すると考えている。しかし，本研究では（3つの発展段階を単に時系列的にとらえていないので）時には第2番目の段階（「展開」）は生起しないこともあると考

182 第Ⅵ章 総合的考察

表9 先 行 研 究（山口，1982）

初 期 段 階	エンカウンター段階	終 了 段 階
①表現に関する提案と支持，②ゲーム・課題を用いる，③Facの自己表現，④傾聴，⑤グループの独自性がポイント	①個人へのアプローチ，②介入がポイント	①不燃物の消化，②鎮静作業と日常性の回復がポイント

表10 先 行 研 究（宮崎，1983）

グループ初期段階	グループ中期段階	グループ終期段階
①メンバーを必要以上にストレス状況に置かず，精神的に健康な部分に目を向けるために，「ゲーム」の導入を行なうこと，②ファシリテーターは，メンバーに対して，自分自身に無理をかけない程度の生の感情，自己表現をぶつける方が，グループに positive な影響を与えることが多い	①メンバーのとらわれ（本音をぶつけあうことは対人関係を悪化させるのではとの恐れ，評価に対する過敏さ）をゆっくり取り除くために，「ゲーム技法」を用いたり，「健康なグループリグレッションの促進」をはかる，②グループという特殊な場と，現実世界とを結ぶパイプ役となることを忘れてはならない，③メンバーが「グループ体験の明確化」をはかるための，適切なフィードバックをその都度行ないこと	①「動けないで苦しんでいる人」「必理的に傷ついている人」を見落とさないように気をつける，②この段階では主にゲームは用いず，メンバーがグループに安心して参加できるような安定した環境づくりに重点を置く，③メンバーに対する「グループ体験の明確化」を目的とした「まとめセッションの実施」を行なう

表11 本　研　究

導 入 段 階	展 開 段 階	終 結 段 階
◎ファシリテーションのねらい（グループの安全・信頼の雰囲気形成，相互作用の活性化，ファシリテーションシップの共有化，個人の自己理解の援助，グループからの脱落・心理的損傷の防止）ごとにポイントを45列挙	◎ファシリテーションのねらい（グループの安全・信頼の雰囲気形成，相互作用の活性化，ファシリテーションシップの共有化，個人の自己理解の援助，グループからの脱落・心理的損傷の防止）ごとにポイントを29列挙	◎ファシリテーションのねらい（グループの安全・信頼の雰囲気形成，相互作用の活性化，ファシリテーションシップの共有化，個人の自己理解の援助，グループからの脱落・心理的損傷の防止）ごとにポイントを11列挙

えている。

　②ファシリテーションについて――先行研究は各発展段階ごとのファシリテーションのポイントを2つ〜5つ列挙しているだけであり，大雑把である。しかし，本研究では5つのファシリテーションのねらいを分けて，それぞれにポイントを列挙しており，精緻である。

総　括

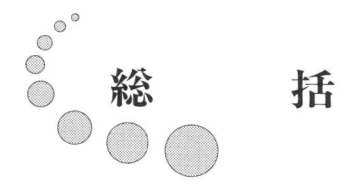

1. 発展段階におけるファシリテーション技法の体系化

　これまでのエンカウンター・グループのファシリテーション研究では，グループ・プロセスの発展段階における緻密なファシリテーション論が，その必要性はありつつも，きちんと構築されていなかった。

　それで本研究では，グループ・プロセスの展開が違う4つのグループ（低展開グループ，中展開グループ，非典型的な高展開グループ，典型的な高展開グループ）について，ファシリテーションの視点から，事例研究の方法論により検討を行なった。そしてそこで得られた知見を総合し，エンカウンター・グループの発展段階におけるファシリテーション技法の体系化を行なった。

　その主な点を簡潔に表にしたものが表12である。この表では，3つの発展段階（導入段階，展開段階，終結段階）における，①状態像，②課題，③ファシリテーションの5つのねらい（グループの安全・信頼の雰囲気形成，相互作用の活性化，ファシリテーションシップの共有化，個人の自己理解の援助，グループからの脱落・心理的損傷の防止）ごとのファシリテーション技法，④野島（1983d）の個人プロセス仮説，を一まとめに体系化している。

　なお，この表ではごく簡略に記述されているエンカウンター・グループの発展段階と個人プロセスの関係を少し詳しく記述したものが表13である。

表12 発展段階におけるファシリテーション技法の体系化

		導 入 段 階	展 開 段 階	終 結 段 階
状態像		・混沌とした状態 ・居心地悪し ・試行錯誤をする	・グループとしてのまとまりができる ・安全感・信頼感・親密感が高まる ・1人1人にスポットライトがあてられる	・高・中展開グループ＝満足感，心地よい雰囲気／低展開グループ＝不満足感強く，それなりのおさまりをつける努力が行なわれる
課題		・ウォーミングアップ ・安全感・信頼感を高める ・次の展開段階のための「土俵づくり」	・率直な自己表明や関わり ・まじめな進行の「息切れ」の防止 ・長すぎる「一休み」の防止	・グループ終了に伴う分離不安の処理 ・グループ体験の振り返り ・グループ体験から現実生活への移行
ファシリテーションのねらい	グループの安全・信頼の雰囲気形成	●特に大切なイニシャル・セッションという認識 ●丁寧な導入の発言 ●場面構成 ●メンバーの質問に率直に答える ●自己紹介とグループへの期待・不安の表現の提案 ●ウォーミングアップを図る ●ファシリテーターの自己表現 ●メンバーの名前を早く覚える ●とにかくいろんなことを語り合ってもらうこと ●リラックスできるようにすること ●雑談的な話をグループ状況を推し測る手がかりにする ●ファシリテーターへのメンバーの印象をグループ状況を知る目安とする ●テープ録音への抵抗への対応	●まじめすぎる進行への対処 ●グループの進展の早すぎる介入 ●ファシリテーターが率直に語る	●先に進むことの是非の判断 ●ファシリテーターの不満表出への注意 ●時間の延長についての判断 ●肯定的なしめくくりの発言
	相互作用の活性化	●長すぎる沈黙を破る介入 ●場つなぎ的な話し合いへの介入 ●「職場の話」への介入 ●知的ディスカッションへの介入 ●グループ談議への介入 ●相互作用を深めることへの抵抗の指摘 ●相互作用の抵抗を克服するのに役立つコメント ●マンネリやダレの活性化 ●他者からのフィードバックを促す ●一時的に司会者的役割をとる ●ファシリテーターがあまり積極的になりすぎないこと ●自己開示的発言が出始めてしばらくの間は相互作用のズレには目をつむる ●無理してのスポットライトへの対処 ●まとめる発言を行なうこと ●中途半端なままの相互作用を取り上げる ●わりこみとズレの指摘 ●グループでの新たな相互作用を促す	●「私は…」と発言することを勧める ●グループが停滞している時の介入 ●他者への発言の促し ●惰性的に関わっていないかどうかの確認 ●だれる状態への対処 ●状況の整理 ●コミュニケーションの交通整理 ●メンバーとメンバーのパイプ役的介入 ●発言者が固定することへの介入	●相互作用を積極的に深めないこと

表12 （続き）

		エンカウンター・グループの発展段階		
		導入段階	展開段階	終結段階
ファシリテーションのねらい	ファシリテーションシップの共有化	◉ファシリテーターはリーダーではないとの宣言 ◉メンバーの自発的提案の尊重 ◉ファシリテーターへの依存への対処 ◉ファシリテーターが「特別な存在」扱いされることへの対処 ◉メンバー主導の流れの展開の尊重	◉ファシリテーターのメンバー化 ◉メンバーのファシリテーター化の尊重	◉ファシリテーションシップの共有化の確認
	個人の自己理解の援助	◉メンバーの気持の明確化 ◉大事な自己表現をすかさず取り上げる ◉一般論ではなくて自分のことを語るよう促す ◉自己変革の示唆	◉自己開示的発言への応答 ◉メンバーをめぐる状況の明確化 ◉メンバーへのフィードバック ◉自己理解の進展が行き詰まったらいったんストップをかける ◉中途半端で時間切れになっていた人を取り上げる ◉取り上げられずに流された問題への対処 ◉理解できたことを伝える ◉洞察的発言の確認 ◉寄せられたフィードバックの整理 ◉メンバーへの助言的発言	◉ブリーフ・フィードバック ◉終わってもよいかどうかの確認をして一区切りする
	グループからの脱落・心理的損傷の防止	◉早く内面を出しすぎる人への対処 ◉大勢と違う発言をする人を大切に扱う ◉参加のための発言に注意 ◉発言しない人への対処 ◉スケープ・ゴート現象への対処 ◉ドロップ・アウトへの対処	◉本当に話したいかどうかの確認 ◉長すぎるスポットライトへの対処 ◉イライラしての攻撃的発言に注意 ◉充分にのれない人への対処 ◉場を緊張させるような率直な発言に寄りそう	◉ラスト・チャンスの設定 ◉不満足な人への対処 ◉おさまりへの努力
個人プロセス		・探索させられる，あるいは探索せざるをえないといった状態	「主体的・創造的探索」過程 ・探索は積極的に行なわれる	・探索はあまり行なわれない
		・「開放的態度形成」をめざして試行錯誤する状態	「開放的態度形成」過程 ・「開放的態度形成」を基にして個人とグループの成長をめざしていく	・開放的態度は維持される
		・「自己理解・受容」過程はなかなか進みにくい	「自己理解・受容」過程 ・急速にかつ深く進むようになる	・「自己理解・受容」を確認する
		・あまり「他者援助」的ではない	「他者援助」過程 ・次第に「他者援助」的になってくる	・「他者援助」的であることは維持される
		・「人間理解深化・拡大」過程は少しずつ始まる	「人間理解深化・拡大」過程 ・「人間理解深化・拡大」過程は急速に進展する	・「人間理解深化・拡大」を確認する
		・「人間関係親密化」過程はほとんど顕在化しない	「人間関係親密化」過程 ・「人間関係親密化」過程は急速に顕在化する	・「人間関係親密化」は維持される

表13　エンカウンター・グループの発展段階と個人プロセスの関係

	エンカウンター・グループの発展段階		
	導入段階	展開段階	終結段階
状態像	・混沌とした状態 ・居心地悪し ・試行錯誤をする	・グループとしてのまとまりができる ・安全感・信頼感・親密感が高まる ・1人1人にスポットライトがあてられる	・高・中展開グループ＝満足感、心地よい雰囲気／低展開グループ＝不満足感強く、それなりのおさまりをつける努力が行なわれる
課題	・ウォーミングアップ ・安全感・信頼感を高める ・次の展開段階のための「土俵づくり」	・率直な自己表明や関わり ・まじめな進行の「息切れ」の防止 ・長すぎる「一休み」の防止	・グループ終了に伴う分離不安の処理 ・グループ体験の振り返り ・グループ体験から現実生活への移行
主体的・創造的探索	「主体的・創造的探索」過程＝自発的、自主的に、そのグループの進め方、自分と他者との関わり方、自分のあり方等を絶えず新たに捜し求めていく過程		
	・探索させられる、あるいはせざるをえない ・探索を始める	・グループの進め方、他者やファシリテーター、自己についての探索が積極的に行なわれる	・探索はあまり行なわれない
開放的態度形成	「開放的態度形成」過程＝自己・他者・グループについての気持ち・感情をとりくろわずに率直に表現するとともに、他者の自分・その人・グループについての気持ち・感情の表現をかまえずに率直に傾聴する過程		
	・「開放的態度形成」をめざして試行錯誤	・「開放的態度形成」を基にして個人とグループの成長をめざしていく	・開放的態度は維持される
自己理解・受容	「自己理解・受容」過程＝自己について新発見・再発見をし、またそのような自己を率直に認める過程		
	・「自己理解・受容」過程はなかなか進みにくい	・急速かつ深く進むようになる	・「自己理解・受容」を確認する
他者援助	「他者援助」過程＝他者の自己理解・受容、自己変化、自己成長を促進するような言動を行なう過程		
	・あまり「他者援助」的ではない	・次第に「他者援助」的になってくる	・「他者援助」的であることは維持される
人間理解深化・拡大	「人間理解深化・拡大」過程＝人間（他者）についての見方・認識がより深くかつ広くなる過程		
	・「人間理解深化・拡大」過程は少しずつ始まる	・「人間理解深化・拡大」過程は急速に顕在化する	・「人間理解深化・拡大」を確認する
人間関係親密化	「人間関係親密化」過程＝相互の密接で開放的で直接的な関係が深まり、親近感、結合感、連帯感、好感、共存感が強まる過程		
	・「人間関係親密化」過程はほとんど顕在化しない	・「人間関係親密化」過程は急速に顕在化する	・「人間関係親密化」は維持される

2．本研究の制約と今後の課題

　本研究の制約は，用いられた事例の対象が看護学生，看護婦で，研修型エンカウンター・グループであるということである。つまり対象が一般ではなく，自発参加型のエンカウンター・グループではないのである。ただ，筆者の多くの両方のタイプのエンカウンター・グループ経験から言えば，本研究で得られた知見は，自発参加型エンカウンター・グループでも充分通用するように思われる。

　今後の課題としては，①本研究の体系化をさらに精緻にしていくために，事例研究の数を増やして，本研究でもれているファシリテーション技法を追加していくこと，②本研究で得られた知見を用いて，従来の事例研究を見直し，このたびの知見がどれほど妥当であるかを確認していくこと，等が必要である。

文　献

安部恒久　1978　集中的グループ経験におけるファシリテーター体験の事例報告　日本心理学会第42回大会発表論文集，1190-1191.

安部恒久　1979 a　集中的グループ経験におけるファシリテーター要因の研究――グループ抵抗を中心として　日本心理学会第43回大会発表論文集，663.

安部恒久　1979 b　私のグループ体験　九州大学教育学部心理教育相談室紀要，**5**，80-87.

安部恒久　1982 a　集中的グループ経験におけるファシリテーター研究の展望　日本心理学会第46回大会予稿集，387.

安部恒久　1982 b　エンカウンター・グループのファシリテーターに強調される行動　福岡人間関係研究会「エンカウンター通信」，**120**，1-3.

安部恒久　1982 c　エンカウンター・グループにおけるファシリテーターに関する研究　中村学園研究紀要，**15**，1-15.

安部恒久　1984　青年期仲間集団のファシリテーションに関する一考察　心理臨床学研究，**1**（2），63-72.

安部恒久　1988　エンカウンター・グループ：ファシリテーターの役割と機能　青年心理，**69**，117-120.

安部恒久　1996　エンカウンター・グループにおけるファシリテーターに関する研究（II）……〈同じ〉と〈違い〉を鍵概念として　中村学園研究紀要，**28**，11-18.

安部恒久　1997　エンカウンター・グループにおけるメンバーによるファシリテーションについて――メンバーの自発的活動の積極的評価――　福岡大学人文論叢，**29**（3），1447-1473.

安部恒久　1998　ファミリアー・グループにおけるグループ・プロセスのファシリテーションについて――「共感的アクション」と「自分を出すこと」――　福岡大学人文論叢，**29**（4），2255-2277.

足立明久　1974　職場ぐるみ訓練におけるリーダーシップのあり方とグループの動向　日本グループダイナミックス学会第22回大会発表論文集，55-57.

Bach, G. R. 1966 The marathon group: Intensive practice of intimate interaction. *Psychological Reports*, **18**, 995-1002.

Beck, A. P. 1974 Phases in the development of structure in therapy and encounter groups. In Wexler, D. A. et al(Eds.), *Innovations in client-centered therapy*, John Wiley & Sons, 421-463.

Beck, A. P. 1981 Developmental characteristics of the system-forming process. In Durkin, J. E.(Eds.). *Living groups: Group psychotherapy and general system theory*, Brunner/Mazel Publishers.

Burton, A.(Eds.) 1969 *Encounter: Theory and practice of encounter groups*.

Jossey-Bass.
Cerber, L. A. 1972 Integrating encounter techniques into individual psychotherapy. *American Jounal of psychotherapy*, **26**, 2, 257-262.
Gendlin, E. T. & Beebe, J. 1968 Experiential groups: Instructions for groups. In Gazda, G. M.(Eds.), *Innovation to group psychotherapy*, Charls C. Thomas, 190-206.
Guinan, J. F. & Foulds, M. L. 1970 Marathon group: Facilitator of personal growth? *Journal of counseling psychology*, **17**, 2, 145-149.
榛沢誠志　1990　ファシリテーター実習を経験して　人間関係研究会「ENCOUNTER 出会いの広場」, 11, 46-47.
針塚　進　1980　ファシリテーター体験　山形大学保健管理センター「第5回『人間関係を考える合宿セミナー』報告書（昭和54年）」, 15-16.
針塚　進　1981　ファシリテーター体験（その2）　山形大学保健管理センター「第6回『人間関係を考える合宿セミナー』報告書」, 11-13.
針塚　進　1982　ファシリテーター体験（その3）　山形大学保健管理センター「第6回『人間関係を考える合宿セミナー』報告書」, 12-15.
畠瀬　稔　1977　グループ促進の方法　佐治守夫・水島恵一編「心理療法の基礎知識」（有斐閣）, 139-140.
畠瀬　稔　1994　ファシリテーター研修グループの新しい試み　人間関係研究会「ENCOUNTER　出会いの広場」, 19, 2-6.
林もも子　1986 a　エンカウンター・グループにおけるコ・ファシリテーター関係の問題　東京大学教育学部修士論文
林もも子　1986 b　エンカウンター・グループにおけるコ・ファシリテーター関係　日本人間性心理学会第5回大会発表論文集, 52-53.
林もも子　1986 c　エンカウンター・グループにおけるコ・ファシリテーター関係の問題　人間関係研究会「ENCOUNTER　出会いの広場」, 3, 5-7.
林もも子　1987　〔自主企画：若手グループ臨床家の直面している諸問題〕Fac としての成長と Identity　日本人間性心理学会第6回大会発表論文集, 46.
林もも子　1988　探索的研究方法：多数事例報告データによる仮説検索—エンカウンター・グループにおけるコ・ファシリテーター関係の研究経験に基づく一考察　人間性心理学研究, **5**, 44-60.
林もも子　1989 a　エンカウンター・グループの発展段階尺度の作成　心理学研究, **60**（1）, 45-52.
林もも子　1989 b　エンカウンター・グループにおけるコ・ファシリテーター関係のあり方の重要性—自由記述式質問紙を用いた探索的研究　東京大学教育学部心理教育相談室紀要, **11**, 67-73.
林もも子　1990 a　エンカウンター・グループにおけるコ・ファシリテーター関係の重要性　心理学研究, **61**（3）, 184-187.
林もも子　1990 b　コ・ファシリテーター関係に影響する諸要因—探索的研究　人間性心理学研究, **8**, 90-99.

林もも子　1991 a　エンカウンター・グループにおけるコ・ファシリテーター関係の葛藤の対処について―探索的研究に基づいて　東京大学教育学部紀要, **30**, 155-164.

林もも子　1991 b　エンカウンター・グループにおけるコ・ファシリテーター関係の葛藤の予防と対処についての一考察―探索的研究に基づいて　東京大学教育学部心理教育相談室紀要, **13**, 61-68.

林もも子　1991 c　エンカウンター・グループにおけるコ・ファシリテーター関係が初心者ファシリテーターの成長に及ぼす影響　東京大学学生相談所「東京大学学生相談所紀要」, **7**, 28-39.

林もも子　1992　エンカウンター・グループにおけるコ・ファシリテーター関係の葛藤の対処について―探索的研究経験に基づいて抽出したパターン　人間関係研究会「ENCOUNTER　出会いの広場」, **14**, 32-37.

林もも子　1993　1980年代以後の集団精神療法におけるコ・セラピスト論の展望―エンカウンター・グループの立場から　東京大学学生相談所紀要, **8**, 62-66.

林もも子　1994　自分の体験に基づいて　人間関係研究会「ENCOUNTER　出会いの広場」, **19**, 25-28.

林もも子　1995　エンカウンター・グループの発展段階尺度の特徴　心理臨床学研究, **12**（**4**）, 378-383.

林もも子　1997　日本におけるエンカウンター・グループの実証研究の方法論に関する考察　東京大学学生相談所紀要, **10**, 24-31.

林もも子　1998　エンカウンター・グループ再考　集団精神療法, **14**（**1**）, 33-41.

樋口勝也　1981　ファシリテーター　小川捷之編「臨床心理用語辞典2」（至文堂）, 334.

平山栄治　1993　参加者の個人過程の展開からみたエンカウンター・グループの発展段階　心理臨床学研究, **11**（**2**）, 164-173.

平山栄治・村山正治　1994　自己理解の促進を自発性の促進にいくらか優先させることを試みた研修型エンカウンター・グループの一事例　九州大学教育学部紀要（教育心理学部門）, **37**（**1**・**2**）, 83-94.

平山栄治・中田行重・永野浩二・坂中正義　1994　研修型エンカウンター・グループにおける困難とファシリテーションについて考える　九州大学心理臨床研究, **13**, 121-130.

広瀬寛子　1994　自分の体験から　人間関係研究会「ENCOUNTER　出会いの広場」, **19**, 22-24.

広瀬寛子・高松里　1994　エンカウンター・グループにおけるコ・ファシリテーター関係―コ・ファシリテーター関係が「うまくいった」と感じた事例の分析を通して　日本人間性心理学会第13回大会発表論文集, 36-37.

広瀬寛子・高松里　1995　エンカウンター・グループにおけるコ・ファシリテーター関係（その2）―コ・ファシリテーター関係に関するメンバーへの調査をもとに　日本人間性心理学会第14回大会発表論文集

袰岩秀章　1988　エンカウンター・グループにおけるメンバーの自己認知の変化とファシリテーター認知の変化との関連についての一研究　日本心理学会第52回大会

文献

袰岩秀章 1989 a 集中的グループ体験および集団精神療法における成長要因あるいは治療要因としてのフィードバックの意義——スモール・グループにおけるリーダーのあり方から 第6回日本集団精神療法学会

袰岩秀章 1989 b エンカウンター・グループにおけるメンバーのファシリテーター認知の変化が自己認知の変化に及ぼす影響についての一考察 臨床的グループ・アプローチの研究会「グループ・アプローチ」, 4・5, 19-36.

袰岩秀章 1992 エンカウンター・グループにおけるメンバー・ファシリテーター——双方からの効果測定の試み 日本心理学会第56回大会発表論文集, 71.

保坂 亨 1983 エンカウンター・グループにおけるファシリテーターの問題について 心理臨床学研究, 1 (1), 30-40.

細野純子 1982 ファシリテーターの感想文:第3回エンカウンターグループ合宿に参加して 愛知教育大学保健管理センター「第3回 自己との出会いのためのグループ合宿」報告書(昭和55年度), 55-56.

細野純子 1983 ファシリテーターの感想文:第4回エンカウンターグループ合宿に参加して 愛知教育大学保健管理センター「第4回 自己との出会いのためのグループ合宿」報告書(昭和56年度), 36-37.

細野純子 1985 ファシリテーターの感想文 愛知教育大学保健管理センター「第6回自己との出会いのためのグループ合宿」報告書, 33-34.

池田博和 1990 ファシリテーターの感想文:軽く、そしてどっしりと 名古屋大学学生相談室「自己発見のための合宿セミナー報告書」, 16-18.

池田博和 1990 ファシリテーターの感想文:春の小川のように 名古屋大学学生相談室「自己発見のための合宿セミナー報告書」, 18.

伊藤義美 1985 ファシリテーターの感想文:『たかがグループ、されどグループ』 名古屋大学学生相談室「第8回自己発見のための合宿セミナー」, 27-30.

伊藤義美 1990 ファシリテーターの感想文:第13回『自己発見のための合宿セミナー(人間関係体験セミナー)』に参加して 名古屋大学学生相談室「自己発見のための合宿セミナー報告書」, 19-22.

伊藤義美 1991 ファシリテーターの感想文:第14回『自己発見のための合宿セミナー(人間関係体験セミナー)』に参加して 名古屋大学学生相談室「自己発見のための合宿セミナー報告書」, 19-22.

岩村 聡 1981 グループ・ファシリテーターの自己表明について 広島大学保健管理センター編「Phenix-Health」, 16, 99-108.

岩村 聡 1990 a あたたかいグループへのファシリテーション 広島大学総合科学部学生相談室「学生相談室活動報告書」, 14, 6-26.

岩村 聡 1990 b あたたかいグループへのファシリテーション 人間関係研究会「ENCOUNTER 出会いの広場」, 11, 15-24.

岩村 聡 1994 ファシリテーションの体制とファシリテーター実習 人間関係研究会「ENCOUNTER 出会いの広場」, 19, 12-16.

岩村 聡・小柳晴生 1984 ファシリテーター発言分類法作成の試み 広島大学総合科学部紀要情報行動科学研究, 8, 95-113.

加藤雄一　1982　ファシリテーターの感想文：セミナーについての感想の若干　名古屋大学学生相談室「第5回　自己発見のための合宿セミナー」，18-19．

加藤雄一　1983　ファシリテーターの感想文：今年の合宿セミナーを振り返って　名古屋大学学生相談室「第6回　自己発見のための合宿セミナー」，13-14．

加藤美智子　1991　青年期エンカウンターグループにおける初回セッション―ファシリテーター目標の見立てについての反省的検討―事例を通して（その1）　東京都立大学学生相談室「学生相談室レポート」，**18**，17-29．

小谷英文・中西一夫他　1982　80年代のグループ・アプローチ　臨床的グループ・アプローチ研究会「グループ・アプローチ」，**1**，41-72．

Lieberman, M. A., Yalom, I. D. & Miles, M. B. 1973 *Encounter groups : First facts*. Basic Books.

Lieberman, M. A., Yalom, I. D. & Miles, M. B. 1973 Encounter : The leader makes the difference. *Psychology today*, **3**, 69-76.

Long, T. J. 1973 Empathy : A quality of an effective group learder. *Psychological reports*, **32**, 699-705.

松浦光和・清水幹夫　1992　エンカウンター・グループの基礎的研究(1)―ファシリテーター認知テストの作成　日本カウンセリング学会第25回大会

松浦光和・清水幹夫　1993　Basic Encounter Groupのためのファシリテータ認知テストの作成 I　カウンセリング研究，**26**（2），132-138．

May, O. P. & Thompson, C. L. 1973 Perceived levels of self-disclosure. mental health, and helpfulness of group leader. *Journal of counseling psychology*, **20**, 4, 349-352.

Meador, B. 1971 Individual process in a basic encounter group. *Journal of counseling psychology*, **18**, 1, 70-76.

宮崎伸一郎　1983　看護学生エンカウンター・グループにおけるファシリテーションの方法に関する一考察　九州大学心理臨床研究，**2**，77-87．

森崎康宣　1986　ファシリテーターに対するメンバーからの期待―複数回参加者の振り返りを通して　日本心理学会第50回大会

森田美弥子　1989　新米ファシリテーターの感想　名古屋大学学生相談室「自己発見のための宿セミナー報告書」，36-37．

森田美弥子　1990　ファシリテーターの感想文：非日常とhere and now　名古屋大学学生相談室「自己発見のための宿セミナー報告書」，26-27．

森田美弥子　1991　ファシリテーターの感想文：感じることと語ること　名古屋大学学生相談室「自己発見のための宿セミナー報告書」，25-26．

Moustakas, C. E. 1968 *Individuality and encounter*. Howard A, Doyls Publishing Company.

村上英治　1979　ファシリテーターの感想文：グループを終えて今思う　名古屋大学学生相談室「第2回　自己発見のための宿セミナー」，13-14．

村上英治　1980　ファシリテーターの感想文：菅島―さまざまな状況でのあるがままの私たち　名古屋大学学生相談室「第3回　自己発見のための宿セミナー」，14-16．

村上英治　1981　ファシリテーターの感想文：こころ—かかわりあうために　名古屋大学学生相談室「第4回　自己発見のための宿セミナー」，16-18．

村上英治　1982　ファシリテーターの感想文：今年また中津川で　名古屋大学学生相談室「第5回　自己発見のための宿セミナー」，20-21．

村上英治　1983　ファシリテーターの感想文：『ふたたび蓼科にて』　名古屋大学学生相談室「第6回　自己発見のための宿セミナー」，15-16．

村山正治　1973　エンカウンター・グループ運動　教育と医学，**21**（8），74-80．

村山正治　1979　私のオーガナイザーとしての経験　九州大学教育学部紀要心理教育相談室紀要，**5**，109-114．

村山正治・野島一彦　1977　エンカウンターグループ・プロセスの発展段階　九州大学教育学紀要（教育心理学部門），**21**（2），77-84．

村山正治・野島一彦・安部恒久　1987　日本におけるパーソン・センタード・グループ・アプローチの現状と課題　九州大学心理臨床研究，**6**，169-177．

村山正治・野島一彦・安部恒久・岩井力　1979　日本における集中的グループ経験研究の展望　実験社会心理学研究，**18**（2），139-152．

無藤清子　1984　ファシリテーターとしての模索—グループ研究会について　東京大学学生相談所紀要，**3**，35-39．

永原伸彦　1986　私のファシリテーター論　人間関係研究会「ENCOUNTER　出会いの広場」，**3**，2-4．

中尾道子　1982　ファシリテーターの感想文：第3回エンカウンターグループ合宿に参加して　愛知教育大学保健管理センター「第3回　自己との出会いのためのグループ合宿」報告書（昭和55年度），56-57．

中尾道子　1983　ファシリテーターの感想文：第4回エンカウンターグループ合宿に参加して　愛知教育大学保健管理センター「第4回　自己との出会いのためのグループ合宿」報告書（昭和56年度），37-38．

中尾道子　1985　ファシリテーターの感想文　愛知教育大学保健管理センター編「第6回　自己との出会いのためのグループ合宿」報告書，33．

中田行重　1991　エンカウンター・グループのファシリテーションに関する一考察—看護学校の一事例より　九州大学大学院教育学研究科博士課程特選題目論文

中田行重　1992　エンカウンター・グループの研究と実際　人間性心理学研究，**10**（1），25-29．

中田行重　1993　エンカウンター・グループのファシリテーションについての一考察　心理臨床学研究，**10**（3），53-64．

中田行重　1994　ファシリテーションについて　人間関係研究会「ENCOUNTER　出会いの広場」，**19**，48-52．

中田行重　1996　研修型エンカウンター・グループにおけるファシリテーション　日本人間性心理学会第15回大会発表論文集，76-77．

中田行重・村山正治　1994　エンカウンター・グループにおけるファシリテーターの立場の問題について　九州大学教育学部紀要（教育心理学部門），**38**（2），95-101．

野島一彦　1976　マラソン・エンカウンター・グループの過程に関する1事例研究　九

州大学教育学紀要（教育心理学部門），**20**（2），29-35.

野島一彦　1979　私のグループ体験(I)　九州大学教育学部紀要心理教育相談室紀要，**5**，70-79.

野島一彦　1980 a　エンカウンター・グループにおけるファシリテーターの事例研究　久留米信愛女学院短期大学研究紀要，**3**，41-67.

野島一彦　1980 b　看護学生のエンカウンター・グループに関する研究　福岡大学人文論叢，**12**（3），635-672.

野島一彦　1982 a　エンカウンター・グループ・プロセス論　福岡大学人文論叢，**13**（4），891-928.

野島一彦　1982 b　看護学校におけるエンカウンター・グループの事例研究　福岡大学人文論叢，**14**（3），695-731.

野島一彦　1983 a　日本における集中的グループ経験の「過程研究」展望（上）—1962年〜1983年6月　福岡大学人文論叢，**15**（2），389-428.

野島一彦　1983 b　日本における集中的グループ経験の「過程研究」展望（下）—1962年〜1983年6月　福岡大学人文論叢，**15**（3），759-792.

野島一彦　1983 c　ある Low Development Group の事例研究—看護学生のエンカウンター・グループ　福岡大学人文論叢，**14**（4），1307-1345.

野島一彦　1983 d　エンカウンター・グループにおける個人過程—概念化の試み　福岡大学人文論叢，**15**（1），33-54.

野島一彦　1984 a　グループ・ファシリテーターの意義をめぐって—福人研・九大を中心として　日本心理臨床学会第3回大会発表論文集，53.

野島一彦　1984 b　導入期をうまく経過できなかったエンカウンター・グループの事例研究—動機づけが低い看護学生のグループ　福岡大学人文論叢，**15**（4），1223-1261.

野島一彦　1984 c　ある Middle Development Group の事例研究—動機づけが低い看護学生のエンカウンター・グループ　福岡大学人文論叢，**16**（3），995-1032.

野島一彦　1985 b　グループ・ファシリテーターの養成をめぐって　九州大学心理臨床研究，**4**，99-105.

野島一彦　1987　構成的訓練グループと非構成的訓練グループにおけるファシリテーター体験　国際集団精神療法学会第1回環太平洋地域会議抄録集，62-63.

野島一彦　1989　構成的エンカウンター・グループと非構成的エンカウンター・グループにおけるファシリテーター体験の比較　心理臨床学研究，**6**（2），40-49.

野島一彦　1990　養護教諭の研修エンカウンター・グループ—ヘルスカウンセリング講座の「カウンセリングの実習」　福岡大学総合研究所報，**126**，23-42.

野島一彦　1991　養護教諭の研修エンカウンター・グループに関する事例研究　福岡大学総合研究所報，**134**，19-53.

野島一彦　1993　教師の研修エンカウンター・グループ事例　福岡大学総合研究所報，**153**，49-83.

野島一彦　1994　看護学生の研修エンカウンター・グループ—Low Development Group の事例研究　福岡大学人文論叢，**25**（4），1577-1609.

野島一彦　1995　Middle Development Group に関する事例研究―看護学生の研修エンカウンター・グループ　福岡大学人文論叢, **27**（3）, 1065-1104.

野島一彦　1996　あそびが特徴的な看護学生のエンカウンター・グループ―Middle Development Group の事例研究　福岡大学人文論叢, **27**（4）, 1731-1772.

野島一彦　1997　日本におけるベーシック・エンカウンター・グループのファシリテーション論の展望　九州大学教育学部紀要（教育心理学部門）, **41**（1）, 63-70.

野島一彦・安部恒久　1984　グループ・ファシリテーターの養成をめぐって―シンポジウム企画にあたって　日本心理臨床学会第3回大会発表論文集, 49.

野島一彦・安部恒久　1985 a　グループ・ファシリテーターの養成をめぐって―シンポジウム企画にあたって　野島一彦・安部恒久編「グループ・ファシリテーターの養成をめぐって―第3回日本心理臨床学会自主シンポジウム（1984年, 広島大学）」（日本グループ・アプローチ研究会資料No.1), 2-3.

野島一彦・安部恒久　1985 b　グループ・ファシリテーターの養成をめぐって―福人研・九大を中心として　野島一彦・安部恒久編「グループ・ファシリテーターの養成をめぐって―第3回日本心理臨床学会自主シンポジウム（1984年, 広島大学）」（日本グループ・アプローチ研究会資料No.1), 10-11.

野島一彦・畠瀬稔　1993　カウンセラー＆ファシリテーター研修グループの試み―パーソン・センタード・アプローチにおける　福岡大学人文論叢, **25**（2）, 463-483.

野島一彦・畠瀬稔　1994　ファシリテーター研修グループの試み―パーソン・センタード・アプローチにおける　福岡大学人文論叢, **26**（3）, 1007-1034.

尾川丈一　1992　グループプロセスにおける「リーダーシップ」の検証―グループ・アズ・ア・システムの視点より　日本集団精神療法学会第9回大会抄録集, 108-109.

鉅鹿健吉　1984　ファシリテーターの Co-work について　学生相談研究会議「第17回学生相談室江の島シンポジウム報告書」, 18-21.

岡村達也　1988　エンカウンター・グループにおける心理的ドロップアウトに際してのファシリテーション―問題メンバーとしての独占家との失敗事例を通じて　東京都立大学学生相談室「学生相談室レポート」, **15**, 42-66.

岡村達也　1989　その人が有能なファシリテーターだったらどんな人がどんなグループを担当しても, 同じグループになるか　山形大学保健管理センター「第14回『人間関係を考えるセミナー』報告書」, 8-11.

岡村達也・藤岡新治　1989　エンカウンター・グループにおける心理的ドロップアウトに際してのファシリテーション―問題メンバーとしての独占家との成功事例を通じて　専修人文論文, **43**, 27-51.

岡村達也・藤岡新治・金子玲子　1987　エンカウンター・グループにおけるいわゆるドロップ・アウトについて―ファシリテーションの課題　日本人間性心理学会第6回大会発表論文集, 212-213

小野直広　1981　ファシリテーター苦戦の記　山形大学保健管理センター「第6回『人間関係を考える合宿セミナー』報告書」, 8-10.

大石勝代　1979　グループプロセスの発展段階とファシリテーター体験　山形大学保健管理センター「第3回・第4回『友と語ろう・グループ合宿』報告書」（昭和52・53

年）」, 23-27.
大重恵子 1981 合宿研修報告（エンカウンター・グループ）：はじめてのコファシリテーター 広島大学総合科学部「学生相談室活動報告書」, **6**, 44-45.
大須賀発蔵・大須賀克己 1977 私のファシリテーター体験Ⅱ（対談） 村山正治編「エンカウンター・グループ」（福村出版）, 158-172.
大須賀克己 1995 企業エンカウンター・グループにおけるファシリテーターの態度 人間関係研究会「ENCOUNTER 出会いの広場」, **20**, 10-15.
小柳晴生 1979 エンカウンター・グループにおけるメンバーのファシリテーターに対する認知の基礎的研究(I) 日本心理学会第43回大会発表論文集, 661. 及補足資料
小柳晴生 1984 エンカウンター・グループの現実的再検討(1)――ファシリテーターが年男と若男の場合 第17回学生相談研究会議学生相談江の島シンポジウム報告書, 13-17.
小柳晴生 1985 エンカウンター・グループ：最近の私のグループへの関わり方――Bグループの過程報告にかえて 広島大学総合科学部学生相談室活動報告書, **9**, 47-49.
小柳晴生 1990 私のエンカウンター・グループ観とファシリテーション・スタイル――人，時間，自己表現，自己受容を楽しむ場としてのエンカウンター・グループ 日本心理臨床学会第9回大会自主シンポジウム「私のFacilitation style」発表資料
小柳晴生 1992 方法論セミナー「生きられた経験と科学性」：私のエンカウンター・グループ観とグループに臨む姿勢 日本人間性心理学会第11回大会発表論文集, 10-11.
小柳晴生 1993 私のエンカウンター・グループ観グループに臨む姿勢 人間性心理学研究, **10**（2）, 79-83.
Rogers, C. R. 1967 The process of the basic enconter group. In Bugental, J. F. T. (Eds.), *Challenges of humanistic psychology*, McGraw-hill, 261-276.
Rogers, C. R. 1970 *Carl Rogers on Encounter Groups*. Harper & Row.
Rogers, C. R. 1971 Facilitating encounter groups. *American Journal of nursing*, **71**, 2, 275-279.
坂本 進・鈴木乙史・瀧本孝雄 1991 エンカウンター・グループに対する評価の分析――各セッションにおけるメンバーとファシリテーターの評価 日本学生相談学会第9回大会発表論文集, 30-31.
坂中正義 1996 ファシリテーターの時計が止まってから展開したエンカウンター・グループ 九州大学心理臨床研究, **15**, 53-60.
坂中正義・村山正治 1994 日本におけるエンカウンターグループ研究の展望 九州大学教育学部紀要（教育心理学部門）, **38**（2）, 143-153.
佐藤勝利 1982 ファシリテーターの感想：第3回エンカウンターグループ合宿に参加して 愛知教育大学保健管理センター「第3回 自己との出会いのためのグループ合宿」報告書（昭和55年度）, 54-55.
佐藤勝利 1983 ファシリテーターの感想：第4回グループ合宿に参加して 愛知教育大学保健管理センター「第4回 自己との出会いのためのグループ合宿」報告書（昭

和56年度），36.
佐藤勝利　1985　ファシリテーターの感想：第6回グループ合宿に参加して　愛知教育大学保健管理センター編「第6回『自己との出会いのためのグループ合宿』報告書」，32-33.
茂田みちえ　1979　ファシリテーターに関する研究—ファシリテーター態度の認知とグループ効果の関係　日本心理学会第43回大会発表論文集，662．及補足資料
茂田みちえ・村山正治　1978　エンカウンター・グループにおける人格変化とファシリテーター態度の関係　九州大学教育学部紀要（教育心理学部門），**23**（1），55-60.
茂田みちえ・村山正治　1983　日本における「集中的グループ経験」の効果研究に関する文献集録—1979〜1983および1971〜1978の追録　九州大学教育学紀要（教育心理学部門），**28**（1），63-72.
清水幹夫　1990　ファシリテーター　国分康孝編「カウンセリング辞典」（誠信書房），482.
清水幹夫・松浦光和　1988　構成度の低い集中的グループ体験のメンバーによるファシリテーター認知の変化　日本カウンセリング学会第21回大会
下田節夫　1984　エンカウンター・グループにおけるコ・ファシリテーター関係について—集団心理療法におけるコ・セラピスト論を参考に—　東京大学学生相談所紀要，**3**，17-34.
下田節夫　1988 a　ファシリテーターの専門性と人間性について—エンカウンター・グループの「構造」について考える　山口大学「第21回学生相談研究会議学生相談山口シンポジウム報告書」，72-75.
下田節夫　1988 b　エンカウンター・グループの「構造」について—「リーダーシップの分散」の実現を支えるもの　神奈川大学心理・教育研究論集，**6**，46-64.
下田節夫　1989　「リーダーシップの分散」とファシリテーター—私のエンカウンター・グループ観　人間関係研究会「ENCOUNTER　出会いの広場」，**8**，1-5.
下田節夫　1990　エンカウンター・グループにおける「リーダーシップの分散」の実現を目指して—ある「構造づくり」の試みと—ファシリテーターの体験　松井紀和先生還暦記念論文集，225-234.
下田節夫　1993　シェアード・リーダーシップの実現　人間関係研究会「ENCOUNTER　出会いの広場」，**16**，2-5.
下田節夫　1994　グループのイメージとスタッフのあり方—非構成的エンカウンター・グループの一つの「生き方」　神奈川大学心理・教育研究論集，**12**，24-35.
下田節夫　1997　グループの懐—ある1年間のエンカウンター・グループ・スタッフ体験　神奈川大学心理・教育研究論集，**16**，18-50.
下田節夫　1998　グループを共に生きて—あるキャンパス・エンカウンター・グループの記録　河合隼雄・藤原勝紀編「心理臨床の実際3　学生相談と心理臨床」，金子書房，280-303.
申　栄治　1982　エンカウンター・グループの一事例についての考察—ファシリテーター体験の明確化を中心として　九州大学教育学部研究生論文
申　栄治　1983　エンカウンター・グループにおけるファシリテーター関係認知目録の

作成とその適用　九州大学教育学部聴講生論文
申　栄治　1985　エンカウンター・グループにおけるメンバーのファシリテーターの認知　日本心理学会第49回大会発表論文集，742
申　栄治　1986 a　エンカウンター・グループにおけるメンバーのファシリテーター関係認知スケール作成の試み　心理学研究，**57**（1），39-42.
申　栄治　1986 b　エンカウンター・グループにおけるメンバーの成長度とファシリテーター関係認知プロセス　心理臨床学研究，**3**（2），38-47.
申　栄治　1989　エンカウンター・グループにおけるリサーチの今後の方向性に関するいくつかの考察　九州大学教育学紀要（教育心理学部門），**34**（1），47-55.
申　栄治・阿部啓子他　1988　"The Search for Phases in Group Development"（Beck, et. al, 1986）の紹介　九州大学心理臨床研究，**7**，127-138.
鈴木正子　1990　私の体験的エンカウンター・グループ観　人間関係研究会「ENCOUNTER　出会いの広場」，**11**，1-6.
田畑　治　1978　自己発見のための合宿セミナー：ファシリテーターの感想―蓼科でのグループ―名大での初体験　名古屋大学学生相談室「大学生の留年の実態とその要因の分析および指導法に関する研究」，42-45.
田畑　治　1979　ファシリテーターの感想文：蓼科でのグループ―名大での2回目の体験　名古屋大学学生相談室「第2回　自己発見のための合宿セミナー」，15-16.
田畑　治　1980　ファシリテーターの感想文―菅島でのグループ　名古屋大学学生相談室「第3回　自己発見のための合宿セミナー」，17-19.
田畑　治　1981　ファシリテーターの感想文：中津川でのグループ　名古屋大学学生相談室「第4回　自己発見のための合宿セミナー」，19-21.
田畑　治　1982　ファシリテーターの感想文：中津川でのグループ再び　名古屋大学学生相談室「第5回　自己発見のための合宿セミナー」，22-25.
田畑　治　1983　ファシリテーターの感想文―壊しの蓼科でのグループ合宿　名古屋大学学生相談室「第6回　自己発見のための合宿セミナー」，17-20.
田畑　治　1985　ファシリテーターの感想文：3年振りの中津川でのグループ　名古屋大学学生相談室「第8回　自己発見のための合宿セミナー」，24-26.
田畑　治　1989　ファシリテーターの感想文：新しいスタッフと共に，新たな体験を　名古屋大学学生相談室「自己発見のための合宿セミナー」，27-30.
高橋佳子　1985　グループ・メンバーの変化とファシリテーターの介入―A女の事例を通じて　臨床的グループ・アプローチ研究会「グループ・アプローチ」，**3**，65-77.
高松　里　1983　セルフ・ヘルプ・グループのためのPeer-Facilitator Training―「月曜会」「土曜会」における試み―　九州大学心理臨床研究，**2**，89-97.
高松　里　1986　研修型エンカウンター・グループにおけるファシリテーションについて　日本心理臨床学会第5回大会発表論文集，160-161.
高松　里　1988　〔自主企画：若手『グループ臨床家』の直面している諸問題(II)〕Faciをすることの切なさ　日本人間性心理学会第7回大会発表論文集，27.
高松　里・村山正治・野島一彦　1993　グループ・ファシリテーターのためのトレーニング・プログラム　日本人間性心理学会第12回大会発表論文集，62-63.

土川隆史　1978　自己発見のための合宿セミナー：ファシリテーターの感想—合宿セミナーをおわって　名古屋大学学生相談室「大学生の留年の実態とその要因の分析および指導法に関する研究」, 45-46.

土川隆史　1979　ファシリテーターの感想文：蓼科での自己再発見合宿セミナー　名古屋大学学生相談室「第2回　自己発見のための合宿セミナー」, 17-18.

土川隆史　1980　ファシリテーターの感想文：菅島での4泊5日の生活をふりかえって　名古屋大学学生相談室「第3回　自己発見のための合宿セミナー」, 20-21.

土川隆史　1981　ファシリテーターの感想文：中津川での合宿セミナーについての私的な感想—生の重みをからだでかんじたグループ—　名古屋大学学生相談室「第4回　自己発見のための合宿セミナー」, 22-23.

土川隆史　1982　ファシリテーターの感想文：中津川での合宿セミナーを振りかえって　名古屋大学学生相談室「第5回　自己発見のための合宿セミナー」, 26-27.

土川隆史　1983　ファシリテーターの感想文：蓼科での合宿セミナーを振り返って　名古屋大学学生相談室「第6回　自己発見のための合宿セミナー」, 21-23.

津森葉子・大河内浩人　1993　第16回エンカウンター・グループ：ファシリテーターの感想　広島大学総合科学部学生相談室「学生相談室活動報告書」, **7**, 67-68.

都留春夫　1977　私のファシリテーター体験Ⅰ　村山正治編「エンカウンター・グループ」（福村出版）, 第9章, 145-157.

都留春夫　1982　スモール・グループ経験に及ぼすリーダーの影響について　日本心理臨床学会第1回大会事例研究発表論文抄録集, 70-71.

都留春夫　1983　スモール・グループ経験に及ぼすリーダーの影響　心理臨床ケース研究, **1**, 3-21.

鶴田和美　1989　ファシリテーターの感想文：人間関係体験セミナーのグループ・プロセスについて　名古屋大学学生相談室「自己発見のための合宿セミナー報告書」, 34-35.

鶴田和美　1990　ファシリテーターの感想文：人間関係体験セミナーのグループ・プロセスについて　名古屋大学学生相談室「自己発見のための合宿セミナー報告書」, 23-25.

鶴田和美　1991　ファシリテーターの感想文：人間関係体験セミナー（1990）のグループ・プロセスについて　名古屋大学学生相談室「自己発見のための合宿セミナー報告書」, 23-24.

渡辺　忠・鈴木武治　1977　コミュニケーション・ゲーム（その2）　鉄道労働科学研究所資料

山田俊介　1987　〔自主企画：若手グループ臨床家の直面している諸問題〕Facとしての役割葛藤とIdentity　日本人間性心理学会第6回大会発表論文集, 47.

山口勝弘　1978　自己発見のための合宿セミナー：ファシリテーターの感想：セミナー参加への自己の背景　名古屋大学学生相談室「大学生の留年の実態とその要因の分析および指導法に関する研究」, 41-42.

山口祐二　1982　ファシリテーター論の試み—臨床教育EGを通して　九州大学心理臨床研究, **1**, 75-85.

索引

あ行

イニシャル・セッション　155
ウォーミングアップ　156
エンカウンター・グループ　7, 185
エンカウンター・グループの定義　7, 8
エンカウンター・グループの特質　7
エンカウンター・グループの特徴　8
エンカウンター・グループの発達段階　186, 187, 188
エンカウンター・グループの目的　9

か行

「開放的態度形成」過程　187, 188
活性化(activate)　158
グループ・アプローチ　9
グループからの脱落・心理的損傷の防止　10, 165, 178, 182, 185, 187
グループの安全・信頼の雰囲気形成　10, 155, 167, 175, 182, 186
グループの発展段階　153, 155
グループ発達　34, 62, 92, 139
グループ編成　15, 43, 71, 101
グループ・プロセスの展開　11, 13, 153, 185
グループ・プロセスの発展段階　11, 13, 185
研修型エンカウンター・グループ　189
高展開グループ　13
個人の自己理解の援助　10, 164, 171, 178, 185, 187
個人プロセス　187, 188
個人プロセス仮説　185
コミュニケーションの交通整理　170

さ行

サポート（support）　154
参加者カード　16, 32, 46, 59, 72
シェアード・ファシリテーターシップ　8
自己紹介　156
自己と他者との深くて親密な関係の体験　8
自己理解　8
「自己理解・受容」過程　187, 188
事前オリエンテーション　44
自発参加型エンカウンター・グループ　189
終結段階　11, 12, 13, 42, 69, 99, 150, 175, 186, 187, 188
集団精神療法　8, 9
集中的グループ体験　7
「主体的・創造的探索」過程　187, 188
事例研究　15, 43, 71, 101, 153, 185, 189
スケープ・ゴート現象　166
相互作用の活性化　10, 158, 168, 177, 186, 187

た行

「他者援助」過程　187, 188
他者理解　8
中展開グループ　13, 43, 153, 185
Tグループ　8, 9
低展開グループ　12, 13, 15, 153, 185
展開段階　11, 12, 13, 68, 95, 145, 167, 185, 186, 187, 188
典型的な高展開グループ　101, 153, 185
導入段階　11, 12, 13, 36, 63, 93, 140, 155, 185, 186, 187, 188
ドロップ・アウト　167

な行

長すぎるスポットライト　173
長すぎる沈黙　158
「人間関係親密化」過程　187, 188
人間性回復運動　7
「人間理解深化・拡大」過程　187, 188
野島一彦　11, 166, 185

は行

発展段階尺度　11
場つなぎ的な話し合い　159
場面構成　156
林もも子　11
非典型的な高展開グループ　71, 153, 185
平山栄治　7
ファシリテーション　10, 36, 62, 93, 139, 155, 183, 185
ファシリテーション機能　154
ファシリテーション技法　155, 185, 189
ファシリテーション技法の体系化　185
ファシリテーション研究　185
ファシリテーションシップ　10
ファシリテーションシップの共有化　10, 162, 170, 177, 185, 187
ファシリテーションのねらい　10, 11, 186, 187
ファシリテーション論　2, 185
ファシリテーター　8
ファシリテーターが「特別な存在」扱いされること　164
ファシリテーターの基本的在り方　153
ファシリテーターの自己表現　157
ファシリテーターの非促進的関わり　179
ファシリテーターの不満表出　176
ファシリテーターのメンバー化　170
ファシリテーターへの依存　163
ブリーフ・フィードバック　178
プロセス志向　8
ベーシック・エンカウンター・グループ　7

ま行

宮崎伸一郎　182, 183
メンバーのファシリテーター化　171
メンバーへのフィードバック　171
村山正治　7, 11, 166
村山・野島の発展段階仮説　11, 13, 34, 62, 93, 140

や行

山口祐二　181, 183

ら行

ラスト・チャンス　30, 178
Rogers, C. R.　7

あとがき

　本書を通して，読者の方にエンカウンター・グループの魅力をいくらかでも感じていただけたであろうか。もしそうであるならば，実際に参加されることをお勧めしたい。エンカウンター・グループに関する書物を読むことで得られることもいろいろあるが，このようなものは，参加して自分で体験してみてこそまさに体得できるものがたくさんある。多少でも関心を持たれた読者のために，エンカウンター・グループに参加するにはどうしたらよいかを述べよう。

　わが国では全国各地でいろいろなエンカウンター・グループの実践が行なわれているが，初めての方に筆者が安心してお勧めできるのは，次の2つの団体のプログラムである。これらの団体のプログラムのなかから，気に入ったものを選び，申し込まれるとよいであろう。

　1つは，1970年にわが国で最初のエンカウンター・グループを実践し，以後毎年一般公募のエンカウンター・グループを開催し続けている＜人間関係研究会＞のプログラムである。筆者もこの会のスタッフの一人である。ここのプログラムは，インターネット（http://www.osaka-gu.ac.jp/php/matumoto/index.html）で情報を得ることができる。また筆者（〒812-8581　福岡市東区箱崎6-19-1　九州大学大学院人間環境学研究院　野島一彦）に90円切手を貼った返信用封筒を同封して申し込まれれば，最新版のワークショップ・プログラムをお送りする。2000年度は38のプログラムが組まれている。

　もう1つは，1970年以来，福岡で地道にエンカウンター・グループの実践と『エンカウンター通信』（2000年9月＝第300号）の発行を続けている＜福岡人間関係研究会＞（事務局：〒810-0042　福岡市中央区赤坂2-2-10-102）のプログラムである。筆者もこの会の同人の一人である。近年では，3月は湯布院で，12月は九重で，4泊5日の一般公募のプログラムが組まれている。これらの案内は，前述の人間関係研究会のインターネットやワークショップ・プログラムに載せられている。

　「本」との出会いにひき続き，「本物」との出会いを通して，読者が自己との出会い，他者との出会い，自己と他者との深くて親密な関係の体験を実現して

いかれることを願いたい。

　もしかして本書を通して，エンカウンター・グループの研究に関心を持たれた方がいるかもしれない。そのような方のためには，筆者が毎年作成している＜文献リスト＞が役に立つであろう。このリストには，この30年間のエンカウンター・グループに関する文献のほぼすべてが収録されている。これを見たいという方は筆者（前述の住所あるいはEメイル：noji-edu@mbox.nc.kyushu-u.ac.jp）までご連絡下されば，お見せすることができる。

　ちなみに，エンカウンター・グループ的精神を基本にしている野島研究室のホームページは次のとおりである。http://nojima2.hes.kyushu-u.ac.jp/

筆者略歴

野島一彦(のじまかずひこ)

1947年　熊本県に生まれる
1975年　九州大学大学院教育学研究科博士課程単位取得退学
1998年　博士（教育心理学；九州大学）
1980年～1985年　福岡大学人文学部助教授
1985年～1996年　福岡大学人文学部教授
1996年～1998年　九州大学教育学部附属発達臨床心理センター助教授
1998年～1999年　九州大学教育学部附属発達臨床心理センター教授
1999年～2000年　九州大学大学院人間環境学研究科附属発達臨床心理センター教授
2000年～2012年　九州大学大学院人間環境学研究院（心理臨床学講座）教授
2012年～現在　跡見学園女子大学文学部教授

主な著書：
エンカウンター・グループ（共著）福村出版　1977年
グループ・アプローチの展開（共著）誠信書房　1981年
カウンセリング入門（共著）有斐閣　1986年
臨床心理学大系第13巻；臨床心理学を学ぶ（共著）金子書房　1990年
エンカウンター・グループから学ぶ（共編著）九州大学出版会　1991年
集団精神療法の進め方（共著）星和書店　1992年
構成的グループ・エンカウンター（共著）誠信書房　1992年
臨床心理学への招待（編著）ミネルヴァ書房　1995年
生徒指導の心理と方法（共編著）ナカニシヤ出版　1995年
パーソンセンタード・アプローチ（共編著）ナカニシヤ出版　1999年
臨床心理学研究の技法（共著）福村出版　2000年
HIVと心理臨床（共編著）ナカニシヤ出版　2002年
エンカウンター・グループと国際交流（共編）ナカニシヤ出版　2005年
力動的集団精神療法（共編）金剛出版　2010年
パーソンセンタード・アプローチの挑戦（共著）創元社　2011年
グループ臨床家を育てる（監修）創元社　2011年
心理臨床のフロンティア（監修）創元社　2012年

エンカウンター・グループのファシリテーション

2000年9月20日　初版第1刷発行　　　定価はカバーに
2013年1月31日　初版第4刷発行　　　表示してあります

　　　　著　者　野島　一彦
　　　　発行者　中西　健夫
　　　　発行所　株式会社ナカニシヤ出版
　　　　〒606-8161 京都市左京区一乗寺木ノ本町15番地
　　　　telephone　075-723-0111
　　　　facsimile　075-723-0095
　　　　郵便振替　01030-0-13128
　　　　URL　　http://www.nakanishiya.co.jp/
　　　　E-mail　iihon-ippai@nakanishiya.co.jp

印刷・創栄図書印刷／製本・兼文堂
Printed in Japan
Copyright © 2000 by K. Nojima
ISBN4-88848-596-8　C3011